長浜築城・長浜開町
450年

秀吉が長浜時代に抱えた諸将と天下の分目
―湖北民衆の苦難と大通寺御坊の建立―

法雲俊邑 著
Norikumo Syunyuu

　　　　　目　次
　　大河ドラマで描かれるかも・・・・・・・・・4
　　　　　　　　　　　　長浜市長　浅見　宣義
　　推薦のことば・・・・・・・・・・・・・7
　　　　　　　　彦根井伊家第十八代当主　井伊　直岳
はじめに・・・・・・・・・・・・・・・・・8
1章　長浜から始まった秀吉の出世街道・・・・・12
　1-1　秀吉は一国一城の主となった・・・・・12
　1-2　信長は何故、本願寺と戦ったのか・・・・15
　1-3　大坂の石山本願寺と石山合戦(顕如・教如)・・19
　1-4　本願寺を支援した勢力と信長の戦い・・・・25

2章　湖北一向一揆の影の人
　2-1　一揆は浅井軍を護る戦いでもあった・・・・35
　2-2　北の小教団(講)の成立と一向勢力・・・・39
　2-3　秀吉家族の逃避と広瀬兵庫助・・・・・44

3章　秀吉の勝利への取引
　3-1　他地域の一向一揆の惨状・・・・・・・49
　3-2　石山合戦の終結と本能寺の変・・・・・51
　3-3　本願寺への巧作と顕如・教如の和解・・・・・55
　3-4　秀吉による本願寺移転と教如の動き・・・・60

4章　秀吉の最後と長浜衆の動向・二勢力の葛藤
　4-1　長浜時代からの人々・賤ケ岳の七本槍と五大老・五奉行　66
　4-2　秀吉の最後と起請文・・・・・・・・77
　4-3　家康の上杉景勝詰問と会津征伐・・・・・85
　4-4　家康が勝利できたのは何故か
　　　　　諸将の動向と高台院ねね・・・・・91

5章　血判絵像と大通寺(長浜御坊)の建立
　5-1　湖北の仏教信仰と浄土真宗・・・・・・・・104
　5-2　秀吉の長浜統治と長浜衆の葛藤・・・・・・106
　5-3　長浜御坊の建立と歴代住職・・・・・・・・118
　5-4　御坊建立を支えた彦根藩と寿林尼・・・・・142

6章　大通寺のその後と長浜の発展
　6-1　大通寺のその後と湖北の土徳・・・・・・・146
　6-2　長浜の発展と産業の振興・・・・・・・・・150

おわりに・・・・・・・・・・・・・・・・・・・153
　参考文献・・・・・・・・・・・・・・・・・・157
　注釈・参考資料・・・・・・・・・・・・・・・159
　索引・・・・・・・・・・・・・・・・・・・・166
　年表・・・・・・・・・・・・・・・・・・・・170

大河ドラマで描かれるかも

　　　　　　　　　　　　　　長浜市長　浅見　宣義

　私は、故郷の滋賀県長浜市が大好きである。前職の裁判官時代に、全国各地の裁判所を転勤で赴任し、いろいろなまちを経験した。正直その全てのまちを好きになったが、それでも私の中では、故郷の長浜市が好きなまちナンバーワンである。なぜかというと、長浜市には古代からの人の営みの分厚い蓄積があり、その蓄積の中で多くの学ぶべきもの、将来に活かせるものが山のようにあると感じるからである。故郷の自画自賛にすぎるかもしれないが、とても魅力的である。多くの学ぶべきもの、将来に活かせるものは地域資源といってよいと思われるが、その代表的なものが、戦国時代をはじめとした歴史資源である。

　令和5年(2023年)はこの歴史資源の中でも特に重要な年であった。戦国時代の1573年、この年は豊かな湖北地方を支配していた浅井氏から羽柴（豊臣）氏に領主が交代した年であるが、この年から450年の記念すべき年が令和5年であった。昔「今浜」と呼ばれた地が織田信長公の「長」から「長浜」と改名されてからも450年であったと推測される。長浜市のために、この450年を記念して、つまり長浜の重要な地域資源を活かして、長浜全域でお祝いをするために開催したのが「長浜450年祭〜戦国フェスティバル〜」である。年間を通して、実に賑わいがあった。その趣旨や内容は、長浜市広報の中の市長コラム「一言主」とスケジュールの載ったチラシを後に掲載しておいたので参考にしていただきたい。

　この450年祭の特別企画としてお願いしたのが、法雲俊邑先生の講演である。法雲先生は、経営工学と情報工学を専門とする大学教員であったが、その専門分野に限らずなかなかの知識人である。大学教員と兼務されていた寺院経営者として仏教に造詣が深いだけでなく、湖北一円の歴史、特に戦国史に大変通暁されている。その博識さには

いつも脱帽する。その博識さを４５０年祭に生かさない手はないと考え、特別講演をお願いした次第である。特別講演の内容を加筆修正されたのが本書である。本書では、『秀吉が長浜時代に抱えた諸将と天下の分目──湖北民衆の苦難と大通寺御坊の建立─』として、教科書にはあまり記載されていない話が随所に取り上げられている。秀吉公が長浜時代に家来として採用した武将たちが取り上げられているほか、湖北の一向一揆の実像や高台院ねねの人生、それに長浜の人たちになじみ深い大通寺（長浜御坊）の建立及びその後の経緯など興味深い話が数多く触れられている。大きな日本史の流れを念頭に置いた上で、長浜市に関係した歴史とそれに関係した人たちの人生を楽しんでいただきたいと思う。

　こうした楽しみ方ができるのが実は長浜市なのである。ＮＨＫの大河ドラマに取り上げられたことは実は過去６度もある。例えば「秀吉」「江～姫たちの戦国～」「軍師官兵衛」など。そして、令和８年（２０２６年）には、豊臣秀長を主人公とする「豊臣兄弟！」が放映される予定であり、ここで長浜市が取り上げられるのは確実である。実に７度目の取り上げになる。本書に登場する逸話も大河ドラマで描かれるものがいくつもあると思われる。「大河でこの話が描かれるかな」と夢想しながら読んでいただけると、本書の楽しみもさらに倍加するに違いない。是非ご一読をお勧めしたい。

市長コラム⑨ 一言主(ひとことぬし)

浅見 宣義

[長浜450年祭]

長浜は名立たる偉人たちによって、古くから時代の転換期を担い、長い歴史を築いてきたまちです。積極的に新しい物事に取り組んでいく人がたくさん生まれました。およそ450年前には、長浜に生まれた武将(以下敬称略)として、浅井長政・久政、脇坂安治、田中吉政、石田三成、大谷吉継、増田長盛、片桐且元、小堀遠州、長浜に土地を拝領した武将として、豊臣秀吉、山内一豊、浅野長政、堀秀政、柴田勝家、長浜で活躍した武将として加藤清正、福島正則、加藤嘉明などきらびやかな名前が並びます。一人ひとりが時代小説の主人公になることができ、これらの武将が長浜に関係していることは郷土の誇りです。この時代の大きな転換期となった1573年は、この地の政治の中心が小谷から長浜へと移ろうとし、秀吉が今の長浜につながる素地を固めた年でもあります。

市は、そこから数えた2023年に長浜450年祭を開催する予定

▲豊公まつりの様子

です。内容は、上記の武将に関係する小谷城戦国まつり、賤ケ岳まつり、豊公まつり、曳山まつりのほか、観音の里ふるさとまつりなど歴史に縁のあるお祭りや、まちづくりに関連する長浜なつまつりなどを、市内全域でリレー式によって年間を通して開催する形を考えています。この長浜450年祭を、コロナの時代を乗り越えて、観光誘客も大々的に行い、長浜全域を元気にするお祭りにしたいのです。

長浜には市内各所に観光地や史跡がたくさんありますが、市内の地域同士が連携を深めることで、更なる盛り上がりが期待できます。長浜450年祭をきっかけに、そうした連携・協力や、より一層地域の一体性を深めていきたいと考えています。皆さん、ぜひご協力ください。

推薦のことば

彦根井伊家第十八代当主　井伊　直岳

　このたび法雲俊邑先生が、『秀吉が長浜時代に抱えた諸将と天下の分目　―湖北民衆の苦悩と大通寺御坊の建立―』と題して、ご著書を出版されたことに対し、心よりお祝い申し上げます。

　本書は法雲先生のご講演の内容をベースとし、前半部では織田信長・豊臣秀吉・徳川家康を切り口とした歴史的視点から戦国時代が描かれ、後半部では湖北の民衆の信仰を支える大通寺の歴史がわかりやすくまとめられています。

　また、当家に関しましても、大通寺の建立において二代井伊直孝が徳川幕府に働きかけをしたことや、井伊家と大通寺との間で婚姻や寄進等を通した深い御縁があったことなどが述べられています。

　本書が刊行され、郷土の歴史の一端を誰もが読めるように文字に残されたことは、今を生きる私たちだけでなく、後世の人びとにも先人の足跡を伝えることになります。本書が多くの方に活用されることをご期待申し上げます。

国宝　彦根城

はじめに

　この著書は、浅見市長様から講演の勧(すすめ)を受け、長浜城・長浜歴史450年の記念行事の一環で、長浜歴史博物館の友の会や一般聴衆の方々に、特別講演でお話をさせて頂いた内容を加筆・修正したものである。時代区分としては「**秀吉が長浜時代に抱えた諸将**」とさせて頂いたとおり、秀吉が長浜時代に家来として採用し、妻のねねとともに人間関係をきづいた人々の話を取り上げている。驚く事にこの諸将達こそ戦国時代の立役者であった。その意味では、戦国史やその分野の新発見に興味をもつ方々に、出来るだけ初耳の事柄を取り上げた。教科書にはあまり書かれていない、こぼれ話を発掘して書いている。

　例えば、秀吉が備中へ出兵している時に本能寺の変が起こった。秀吉家族は長浜城に居たが、姉川の上流の東草野を越えて美濃の揖斐川町広瀬まで逃げている。また、一向一揆は何故起ったのかという事についても、一般には、あまり述べられていないが、従来の領土支配で搾取され続けた農民が、自治自立を求めた抵抗運動であったとする事が理解しやすい。この運動の中から血判阿弥陀如来絵像の謎を解明している。そして、戦国時代を次のような歴史的視点をもって書いた。

○　何故、信長は本願寺と戦ったのか、

　信長軍は、主従関係の組織しかなく、軍資金も乏しかった。足利義昭を奉じて上洛したが、都人にとっては荒れ果てた都を復興・修理してくれることを望んでいたが期待外れの人だった。そこで、信長は手っ取り早く金を手に入れるために、本願寺から30億円の戦費をむしり取ることを考えたが、容易ではなかった。今の時代もそうであるが、戦国時代も社会を制するには、人(人材)、物(兵糧・武器)、金(財力)、情報とこれらを維持するネットワークが必要である。これが、不十分だった故に時代から消え去った。

○　何故、秀吉が天下を取れたのか、

　秀吉は、信長の欠点であった、人(人材)、物(兵糧・武器)、金(財力)、情報とこれらを維持するネットワークを補(おぎな)いつつあった。加藤清正、

はじめに

福島正則や浅野長政、石田三成らは小僧の時代から、小早川秀秋は赤ん坊から育ててきた側近衆。他にも武力ではなく対話で多々の人的友好ネットワークをつくる事が得意な秀吉だった。親戚・子飼いを固めつつ、宮中との友好策もその一つだった。本願寺や一向衆との一揆を起こさせずに、反抗勢力を抑えた事が先行きを明るくした。また、直轄地からの収入に加え銀山の収入は大きかった。豊富な資金で御土居を築き都を復興し、天皇や公家衆を丁寧に持成した事が評判を良くした。しかし、五奉行・五大老は付け刃(やいば)だった。

○ 何故、家康が関ヶ原で勝利したのか、

家康は、様々な面において、信長や秀吉の欠点をクリヤーした。秀吉の法度に背いてでも5人の養女を有力者に送り込む姻戚関係と仲間作りで、味方を増やしていった。人(人材)、物(兵糧・武器)、金(財力、金銀の鉱山)、情報(忍者)とネットワーク(参勤交代もその一つ)を構築した。これが安泰の秘訣だった。そして、家康は秀吉の滅後、高台院とは密に連絡を取り合ってその協力を受けていた事も良縁に結びついた。

ところで、長浜の発展と大通寺御坊の創建については、宿敵の信長と戦った湖北衆にとって、心の安住を求める悲願の拠り所であった。また、それを徳川家光、本願寺宣如、彦根藩井伊家老の支援、春日局、寿林尼、地元では、福田寺覚芸、地元の寺族・門徒衆の熱意と、これらの連携プレーで実現したのである。ご縁の繋がりとしか考えられない取り組みがあった。特に**彦根藩と大通寺の繋がりは大きかった。**

このような内容で講演をさせて頂きましたが、百十数人の歴女・歴男の方々も、納得しておられた様です。本著は、講演の内容をもう少し掘り下げて加筆し、資料に基づきながら可能な限り史実を発掘したものです。

執筆にあたっての参考文献の中で、『北の政所ねね』[1]『ねねと木下家文書』[2]の二冊を底本にして各種の郷土誌を符合させながら秀吉を追った。その中で、秀吉の妻ねねは、決して表舞台には出てこないが、良人を良く支え、何の気位もなく名古屋育ちを丸出しにしながら、主

家の信長にも、宮中人にも、家康にも親しまれてきた人であった。ねねは、信長に夫の愚痴(ぐち)を言いに行って後に子どもを養子に迎え、宮中には豊富な資金を提供して御所を整備し大層喜ばれ、家康には秀吉の没後、領地を安堵(あんど)されて破格(はかく)の待遇を得ている。

　生存していれば是非お会いしてみたい人柄である事がわかった。気位の高い淀殿の性格とはまるで別人であり、長生きするすべを熟知していたと思われる。その性格が尾張の三羽烏や秀秋に伝わり、関ヶ原の合戦後に家康が「ねねは恩人である」と言わせたのかも知れない。

　さて、慶長3年(1598)3月15日に秀吉が真言宗大本山醍醐寺で盛大な花見を行ったのは有名な話である。この席に長浜の町年寄り衆も招ねかれていたのであろう。秀吉はそれほど、長浜を最初の出世地として忘れられなかった。また、ねねも自身の法名に高台院湖月心尼と宮中から賜ったのは、長浜時代の思い出を終生忘れなかったのである。そして、この日の花見は、秀吉にとって桜花が爛漫する風景を、今の自らの天下人になった人生に重ねていたのかもしれない。

　出世の道は明智光秀を討って7日後の天正10年(1582)10月3日には、天下に太平をもたらした功で、無冠の秀吉が従五位下に叙せられ左近衛権少将に任ぜられた。翌年に「天下を治め、内正税を以て禁中を賑(にぎ)わしたる」功によって従四位下に叙せられ参議に任ぜられた。この後も年々昇進し、前関白近衛前久の猶子となったが、僅(わず)か3年後の天正13年(1585)10月11日に関白太政大臣に叙せられ、天皇から「豊臣」の姓(貴族になった姓で、豊臣の秀吉と呼ぶ)を賜わり破格の出世をしたのである。同時に妻のねねは、北政所に任ぜられた。さすがにこの時は、豊臣秀吉もこの上ない喜びで、主上、摂家、公家衆、諸侍等をご招待して南殿で猿楽(さるがく)を催し、精魂(せいこん)込めたお礼のお持て成しをした。その時に、正親町天皇から「御心が慰(なぐさ)まり、忘れがたい一日であった」とのお礼の手紙までもらっている。

　秀吉は、長年に渡って実子がなく、7人もの養子を迎えたあげくに、側室の淀殿に秀頼ができた。花見には、漸く6歳になった我が子の秀

はじめに

頼の手を引いて桜を眺め、女﨟衆（じょろうしゅう）の踊りを見、ご馳走を食べて、身内衆や諸大名の女房衆などを合わせると 1,300 人を超える人が醍醐三宝院に集まったと伝えている。1 番茶屋から 8 番茶屋まで贅沢の限りを尽くした店が並び、店に寄る度に趣向を凝らした芸や踊りに飲食の席がある。付き添えの女御衆は三度も衣装替えをした。

長浜時代に召し抱えられて秀吉の側近になった尾張衆は北政所ねねのそばで楽しんだであろうし、長浜の出身衆は淀殿のそばで楽しんだのであろう。今日ばかりは、武勲派（ぶくんは）、文治派（ぶんじは）と言って角争いをする訳にはいかない。北政所は、夫の秀吉と 37 年間の辛酸苦労を共にして来た過去を振り返りながら、労をねぎらってもらう日になったであろう。また、淀殿は秀頼を産んだ事で、秀吉が良くぞ後継ぎをつくってくれたという喜びを気持ちに表わしてくれた日だと受け取ったであろう。

いずれにしても、秀吉は精一杯の喜びの宴を催した日であった。しかしながら、集まった誰もが、これが秀吉の最後の宴になるとは思っていなかったのではないだろうか。

図1　醍醐の桜　江戸時代　土佐派洛中洛外図屏風　法雲蔵

1章　長浜から始まった秀吉の出世街道

1-1　秀吉は一国一城の主となった

　木下藤吉郎が、大名に出世してはじめて12万石の一国一城の主となったのは、湖北の地長浜である。天正元年(1573)9月に姉川の合戦が終結して、小谷城主であった浅井長政が滅び、秀吉はその戦功により旧浅井領地の大部分を信長から与えられたのである。しばらくは小谷城で暮らすが、名古屋・岐阜に住んでいた秀吉とその家族には、さすがに山の冬の寒さはこたえたようである。そこで、北国脇往還から東の美濃に続く中山道、北の越前に続く北国街道、南の大津と北の塩津を結ぶ湖上交通等の便利さや町の発展を考慮して、そこから20 kmほど南下した琵琶湖の畔(ほとり)の今浜に移って築城することにした。

　今浜は、甲斐の武田氏の一族であった今浜六郎左衛門他が京極家に仕えて領していたが、応仁の乱で加勢に出た京都で討ち死にした。その後、砦(とりで)は廃墟となっていた。永正13年(1516)に浅井亮政が湖北を領地にした時、尾上城主の**浅見俊孝**が今浜を領した時代がある。

　小谷城に居た秀吉は、天正2年から築城工事のため領内の住民を集めたり、竹生島(ちくぶしま)の材木を運んだり、各所から資材や人足を集めた。湖北三郡の領内の住民すべてに、一戸一日の徴募をしている。6月6日頃からの作業で、さぞ熱い真夏の作業も大変であったことが、豊公園に造った築山からうかがえる。また、旧浅井長政が宝厳寺(ほうごんじ)の改築用に揃えてあった用材を竹生島から長浜まで運ばせた。後述するが竹材も美濃の日坂から運ばせている。

　秀吉は天正3年秋の頃、長浜城が完成するとその地名を今浜から**長浜**(ながはま)に改め、小谷城へ来ていた妻ねねをはじめ、母のなか(仲)、木下家定、浅野長政、等の身内衆も長浜に移り住んだ。この時、自らも改名して羽柴秀吉（はしばひでよし）と名乗るようになった。同様に小谷城下に居た住人や商人、寺社や職人を長浜へ移住させた。徳勝寺、知善院、妙法寺、願養寺等は小谷から、正光寺は平方から移転した。楽市楽座をつくり、商人には免税をした。また、以前に港町として栄えた

箕浦や磯、漁港のなどの村々からも移転して、湖北一の町に膨れ上がった。この城下町に四十九の町々をつくり、これを十組に分けて各組に一人ずつの町年寄を定めて、世襲(せしゅう)制にして任命した。

秀吉は、長浜を民衆的な城下町として発展させるために、賤ケ岳の合戦以来、特に尽力した協力者であり有力者でもあった地元町民の中から十人を選定した。町民の声を聞き入れながら町政の任に当らせるようにした。これを**十人衆または年寄衆**と称し世襲制にしたのである。

吉川三左ヱ門　　今村藤右ヱ門　　河崎定之進　　宮部五郎左ヱ門
安藤九郎右ヱ門　　樋口次郎蔵　　田辺九太夫　　西村甚六
下村蕃助　　大依主馬　の十人である。

町務は、3人が出て勤め3年で交代する制度にしたが、これが三百年間続き、明治維新に廃止された。

秀長は、秀吉の弟で兄が信長に仕えて暫くした頃に加わっている。唯一の男兄弟で行動を共にして、力を合わせて戦ってきたのは間違いない。そして、秀吉は城持(しろもち)の大名に出世すると俸給が増えるが、加増分の大半を人材確保にあてた。長浜時代に採用した人材が、後の秀吉の出世を決定付けたと言っても過言ではない。名古屋の故郷からは小僧盛りで秀吉の従弟の加藤清正、同じく従弟で母の妹の子の福島正則とともに、加藤嘉明、平野長泰、糟屋武則(かすやたけのり)らが、湖北の地元からは石田三成、片桐且元、脇坂安治、等々多くの人が召し抱えられた。また、天正5年（1577）には、木下家定の五男で秀吉の養子になって数奇な人生を辿る小早川秀秋も長浜で生まれた。

秀吉はこの長浜城から信長の先兵として北陸攻めや中国攻めへと出発していった。以後、天正10年（1582）までの間、長浜を居城にした。この間に彼が城下町経営の基本パターンを醸成(じょうせい)し試行したのである。

湖北地域は、すでに縄文時代から山麓や低地には、人々の暮らしぶりを示す遺跡や遺物が確認されている。古くから日本海側の若狭と都の京都、そして太平洋側の尾張、畿内の浪花の両方面を結ぶ重要なル

ートとして、びわ湖を利用した往来の只中にあった。古代には織物や製鉄技術など、匠の技術や物資が大陸から伝来して、渡来人が行き交う拠点であった。輸入塩の集配場所でもあった事から、塩津の地名が残っている。その時々に様々な生活様相を示しながら、生成・発展してきた。

　湖北は、室町時代末期から安土桃山時代初期にかけて、浅井氏の拠点であった。同氏は、もともと守護大名京極氏の家臣であったが、大永3年（1523）以来、京極氏の内紛に乗じて台頭し、湖北の戦国大名となった。小谷城を居城とし、その後亮政(すけまさ)・久政・長政と三代にわたり、政権を維持したが、元亀元年（1570）に始まった姉川合戦に敗北、その3年後には信長軍の総攻撃にあい滅亡した。

図2　　現在の長浜城歴史博物館

その後、湖北は織田信長と豊臣秀吉の天下統一への胎動のなかに巻き込まれていったが、秀吉との結びつき、徳川氏との結びつきを上手く温存して、江戸時代、明治時代を比較的容易に過ごせた地域である。
　本書の以下では、長浜に秀吉が居た時代に多くの優秀な部下を蓄えたが、その繋がりと活躍を追ってみたい。それは良くも悪くも家康の時代にまで影響を与えることになった。そして、遂にその縁で家康は、揚々と征夷大将軍の位を掌中にする。
　しかも、その後押しをしたのが、秀吉の妻ねねや、加藤清正、福島正則など秀吉の最側近の人達であった。その証は、ねねが家康から元和3年(1617)に、何と1万6,923石の知行を加増・安堵され、大名並みの待遇を受けて末永く生き延びた。周りの清正や正則らも戦の奮闘(ふんとう)の功とともに、大国の大名になり、ねねの親族は家康から温情を被っている。その繋がりの起点が長浜であり、この不思議な繋がりを解明するのが本書の妙味である。
　そして、江戸時代の大通寺御坊は長浜を門前町として大いに繁盛(はんじょう)させた、要因の一つでもあった。同寺の成立は家康と本願寺、湖北寺院と門徒の連携で建立されたものであり、またそこに、地元と井伊家との深い繋がりがあって出来たことを解いていきたい。
　これらの解明には、信長の上洛時代から見ていかねばならない。

1-2　信長は何故、本願寺と戦ったのか

　織田信長は、桶狭間(おけはざま)の戦いで駿河(するが)の今川義元を討ち取って勢力を拡大した。犬山城の織田信清を破り、稲葉山城(岐阜)の斎藤龍興を撃破して尾張と美濃を平定し、家康と同盟を結んだ。そこへ越前から逃亡して来た将軍家の足利義昭を囲う羽目になった。しかし、逆にこれを切っ掛けにして上洛を意図し、室町幕府再興の大儀名分をつくった。近江の浅井長政とも和睦を結び、その道を開いた。
　そして永禄11年(1568)9月に織田信長は、足利義昭を奉じて容易に上洛することができた。早速、義昭と宮中を取り仕切る公家衆を通じ

て、朝廷にも挨拶に参上した。その折には、御所や将軍の住まい、都内のさまざまな箇所の修理を頼まれたようである。

　当時、京の都は応仁の乱以来、度重なる戦乱で、朝廷から一般の都人までが、荒れ果てた住まいに暮らしていた。したがって、信長が天皇をはじめ都人にも歓迎して受け入れられるには、荒れ果てた御所や周囲の館、都大路のあちこちの修復の願いを受け入れて、それを果たす必要があった。

　信長は、京都の復興や治安の維持など、都人の要望に応えるために、また戦に備えての戦費など、多額の資金を必要としたがその費用の出所は何所にも見当たらなかった。後の秀吉は石見銀山、家康は生野銀山、佐渡金山などを掌握して財政を豊かにしたが、信長には未だその御用金の出所がなかった。

　そこで手っ取り早く金の出所に目を付けたのが、大坂の地で石山（現在の大阪城のある処）の本願寺に要求した。この石山は、浄土真宗本願寺中興の祖で第8代住職蓮如（1415-1499）が、山科に本願寺を建立した頃に、大坂にも石山御坊を建立した土地である。

　山科本願寺は、天文元年(1532)8月に管領細川晴元と組する六角定頼と法華衆の一揆の攻撃を受ける戦いがあった。蓮如以来、約50年の間、繁栄を極めた山科本願寺は焼き討ちにされ、壮大な伽藍（がらん）と広大な寺内町は、その戦いで一宇も残さずに全焼したと伝えている。

　信長が本願寺に戦費を要求したのは、大坂の地（石山本願寺）に移転して間もなくの頃であり、伽藍の整備にも経費を必要としていた。そして、大坂の寺内町の賑わいを作り始めた頃で、蓄えもなく信長の要求する戦費を毎年、支払い続けることは困難であった。

　一説によると織田信長が石山本願寺に課した矢銭（やぜに、軍用金）を毎年、五千貫要求してきた。支払った額は銭2万貫、当時の物価で米4万石に相当、金額に換算すると約30億円になるようである。堺の商人にも課したが無視したようであるが、本願寺はこれを上納したのである。しかし、次の文のように数年は信長に納金したが、続けて毎

年という事は迷惑な話で拒絶した。信長は、この返答に対して応じられないのであれば本願寺を破却し、その地を奪(うば)うとの通告をした。同じころ、比叡山は破却され信長の焼き討ちにあっている。

その時の本願寺第11代住職(門首：宗主とも言う)顕如(けんにょ)は、宗門の一大事である事を鑑(かんが)みて諸国の門末に向けて次のような檄文(げきぶん)を発した事が『安養寺文書』(3)の中に残っている。

「信長の上洛につき、此の方迷惑せしめ候。去々年以来難題を懸け申すにつきて、随分扱いをなし、彼の方に応じ候といえども、その詮なく、破却すべきの由、たしかに告げ来たり候、この上は力およばず候。しからば、開山の一流、この時退転なきよう各々身命を顧みず、忠節を抽んづべきことありがたく候、もし無沙汰の輩は、ながく門徒たるべからず候、しかしながら馳走頼みいり候。あなかしこ。

　　9月2日　　　　　　　　　　　　　顕如(花押影)
　　濃州郡上　惣門徒中へ　」(原和漢文。後世の写し)

同様の檄文を近江の国中郡(犬上郡、蒲生郡、湖東の辺り)、や湖北、越前など、諸国に飛ばしたのである。

これが**石山合戦**(いしやまかっせん)の始まりで、元亀元年(1570)9月12日(旧暦10月11日)から天正8年(1580)8月2日(旧暦9月10日)にかけて行われた、本願寺勢力と織田信長との戦いであり、本願寺の住職顕如は大坂の石山本願寺に篭って戦った。

顕如は、親戚筋にあたる大名、あるいは同盟関係の大名に応援を求め信長に対抗したのである。援軍の大名は、武田信玄、朝倉景健(あさくらかげたけ)、浅井長政、毛利輝元、村上水軍であった。また、本願寺は、前記のように全国の寺院・門徒衆にも檄を送って応援を求め、全国で信長に抵抗する一揆を繰り広げる大決戦になった。応援を求めた書状は各地に多数残っている。

本願寺が全国の門徒衆に呼びかけたのは、加賀、北陸、湖北、長島、三河、岡崎など各地で信長に対抗する勢力で、横のつながりとしての戦いに展開した。これを一向一揆と称して、一般には浄土真宗や土豪

の戦いと解釈されている。しかし、その実態は無謀な権力に搾取(さくしゅ)されない**自治自立の地域(仏法領**：仏の教えにもとづく自由・平等・平和の領土)を築こうとする民衆であり、本願寺の教法を護(まも)る勢力であった。

　諸大名の合戦と、一向一揆の戦いは、明確に目的が違う事を知っておかねばならない。諸大名の合戦は、**他国を侵略して領土を拡大**することである、これに対して、一向一揆の戦いは、郷土を守り、教法を護る事である。ここで言う自治自立とは、一つの田畑が領主と耕作者いう関係では無くて、自からは耕さずに他の者にそれを請負わせ、その田畑を請負った者が、さらに下位の者に耕作させるように、一つの田畑の所有権が何人かの請負人に重層的に分担されていた。したがって、実際の耕作者が支払う年貢は、領主へ直接に全額を納められるのではなく、領主と耕作者の中間に介在した名義のみの所有者が、年貢の一部を受け取るという複雑な仕組みになっていた。

図3　　本願寺第11代住職　顕如　米原市観行寺蔵

領主や何人かの仲介者の間で、誰かが受け取る歩合を上げれば、それは直接に耕作者の手元に残る量が少なくなるという事であった。信長のように他の領主の田を青田刈りすれば、耕作者は収穫が出来ず年貢も払えないという不払いの罪を背負わねばならない。特に都に近い近江国(滋賀県)は公家や寺社の荘園地が多く、重層的な請負人があって負担になっていた。このような搾取(さくしゅ)の構造を解消したいという事も、一揆の誘因(ゆういん)であった。

さて、本願寺の全国門末と友好関係の大名の支援構造に対して、信長の勢力は主従関係を結ぶ縦のつながりとしての自らの組織と、力が及ぶ同盟関係の戦国大名の援軍でしかなかった。この石山合戦の時に信長は、三好三人衆(三好政康、三好長逸、岩成友通)と交戦していたが、本願寺にも宣戦布告をしてきた。しかしながら、その戦いは、本願寺への援軍が次々と到来するとともに、顕如の檄(げき)に応じて全国の反信長に対する一向一揆が各地で勃発して、容易に勝利する事は不可能であった。そこで、信長は、本願寺を支援する地方大名や一揆を一つずつ順次に鎮圧していく作戦を展開するしかなかった。

1-3　大坂の石山本願寺と石山合戦(顕如・教如)

大坂に本願寺があった事を不思議に思われる人もあるかと思うので、その事について、ここで少しふれておこう。

浄土真宗の中興の祖の蓮如は、京都東山の粟田口の青蓮院の近くにあった小規模な元大谷本願寺(崇泰院)の地で生まれた。第8代住職(留守職とも言う)を継承するが、寛正6年(1465)1月8日に比叡山延暦寺衆徒の焼き討ちに合い、大津の近松顕証寺(けんしょうじ)に避難をした。その後、近江の堅田や守山の金が森を経て北陸に向かい文明3年(1471)4月に吉崎に御坊を建立して4年ほど居住した。教えを分かりやすく御文(御文章)に書いて門末の人々に配布した。この方法で教えが津々浦々まで浸透し、多くの門信徒を増やすことになる。しかしながら、北陸の地で、武家騒動の勢力争いに巻き込まれることを

恐れた。吉崎を中心に集合する信徒の動きが次第に激しくなり、国守の富樫政親が警戒の態度をあらわすようになった。蓮如は徹底した平和主義者であったのでこれを避けようとした。

遂に、蓮如は文明7年(1475)8月夜、密かに吉崎を離れて脱出し、船によって海路で畿内に向かった。一夜にして若狭湾を南下し、翌日には小浜に着岸した。それから丹波路を経て摂津に入り、やがて河内の出口(現枚方市出口)の草庵にしばらく滞在する。

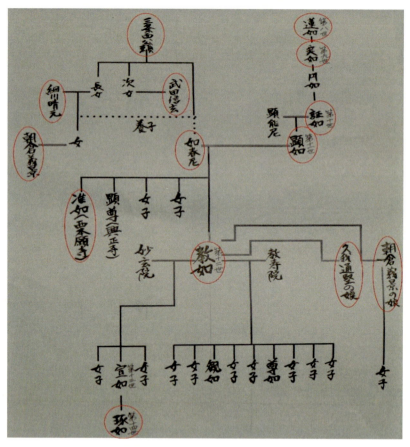

図4　　本願寺　教如系図　　大橋香代子筆

その地で蓮如の信徒である石見入道光善(孝幸)の後押しを得て坊舎を建てたが、これが後の出口御坊光善寺である。ひと先ずここに落ち着き、ここを中心にして、蓮如の教化は枚方、富田、名塩そして吉崎下向の前にも足を運んだ堺にまで及び、堺には小坊を建立している。
　3年を経た文明10年(1478)の正月、近江金森の善従(道西)のすすめで、京都と大津の間の山城国山科郷(京都市山科区)に、本願寺の復興をすることを決意した。応仁の乱後の京都には、なお簡単に入れず近江と摂津・河内・和泉の門徒を考えて、その中間の山科に決めたのであろう。
　その後、同年には山科郷野村の地で沼地を開拓して本願寺の再建に取り掛かった。広大な敷地の周囲を濠で囲み、土塁を築いて御堂の伽藍(がらん)を中心に諸堂・庫裏(くり)などを建立するとともに、多数の職人や商人が住む寺内町を形成した。構造は「輪郭(りんかく)式」あるいは「回字(かいじ)式」と言われる近代の城郭都市のような様相を呈していた。この山科本願寺は、実如(じつにょ)から第10代住職証如(しょうにょ)の時代にかけて寺院廻りを城郭風の造りとして、濠と土塁の防御施設が整えられたと推定されている。工事には加賀より吉崎時代に馴染みの城造り人夫を呼び寄せて、本格的な平地の城郭風に仕上げたのではないかと思われる。加賀には蓮如の残した子息が数人いて大坊を継承(一家衆とも呼ばれた)しており、繋がりは深かった。
　その地は、仏法領と呼ばれるに相応しく、住民も安心して暮らせ、商人も自由な商いが出来、2万戸以上とも言われる民家が立ち並んだ。文明12年(1480) 3月18日には御影堂の棟上げが、8月28日には仮仏壇に本尊の絵像が、木像の御真影は大津の三井寺の近松顕証寺に預けてあったものを10月18日に安置した。御影堂は東を正面に5間四面、阿弥陀堂は3間四面(間は6尺でなく1丈ほど)に諸堂が建ち並んだ。
　延徳元年(1489)蓮如は寺の実務から退き、5男の実如が本願寺第9代住職となる。明応5年(1496)蓮如は、摂津国東成郡生玉荘大坂(現在の大阪城公園の辺り)に坊舎を設ける事になる。

図5　山科本願寺写真　　グーグルマップ　参照

　大坂は、吉崎へ行く前から布教に回っていた摂津、河内、和泉の門徒衆や、特にそのころは堺へ通ったので、旧知の人も多かったようである。山科から淀川を船で下り、当時の南渡辺、八軒屋、天神、天満橋のあたりで、そこから南へ今の上町筋を馬で下っていった。帰りには反対に馬から舟へ乗り換えた。行き帰りの休憩には、眼前にそびえる岩山の景勝に目を止められ、この石山を心にかけていたが、やがて小坊を建てることになった。
　この地が正しくは、摂津国東成郡生玉庄小坂であるが、その「小坂」は「をさか」と発音した。蓮如が「大坂」の字を用いたのが最初

のようである。大阪市教育委員会の調べでは、「大坂」という地名が歴史上初めてあらわれるのは、明応7年（1498）11月21日付の蓮如の「御文：おふみ（御文章）」に記されたものとされている。坊舎は明応5年(1496)の9月で、4間一間、3間一間の堂宇が翌年の10月に完成した。その後もここを拠点に教化をするが、最期は山科本願寺に戻って明応8年(1499)85歳で亡くなった。

　さて、蓮如の次は第9代実如の時代で、おおよそ25年間をかけて、山科本願寺は完成し、一宗の本願寺として栄えた。また、その寺内町である山科六町も、無類の盛況をみせた。藤島達朗著『本廟物語』[5]では当時の記録は次のようにのべている。

　　　本願寺は代を重ね、富貴栄華をほこり、寺中の広大にしてその荘
　　　厳の美しさは、まさに仏国のようである。在家も京都のそれとかわ
　　　らず、それぞれ富貴であり、各家々も随分と美麗である。

その後、実如が大永5年(1525)に亡くなり、孫の証如が跡を継いで、5年目の天文元年(1532)の事である。栄華は長くは続かず、近畿で大きな勢力をもつ、幕府管領家の細川晴元との間が不穏となり、前記したように山科本願寺は、近江国守護の六角定頼と法華一揆衆に攻め込まれた。京都東山の大谷廟所を焼き払い、大津の顕証寺を焼き払って、一向一揆衆との混乱の中で山科本願寺に迫り、火を放って焼失した。

　蓮如は徹底した平和主義者であったが、実如・証如の時代から否応なしに戦乱に巻き込まれ、本願寺も災難を避ける意味で軍事力を備えざるを得なくなっていった。その後、寺基を大坂に移し石山御坊を本願寺にした。証如が記した「天文日記」によると、大坂坊舎は生玉（いくたま）八坊のひとつ法安寺の東側に建立されたと記し、当時は小規模であった様である。本願寺の証如は、石山御坊を教団の本拠地に定めて以降、その地を山科の地と同様に、周囲を大川に囲まれた島に土塁（どるい）を築いて寺内町を形成し、城郭（じょうかく）都市のような様相を呈する石山本願寺へと発展させた。

　大坂はこの頃から、地元の商人に加え山科本願寺の寺内町から移住

した商人と共に繁栄を見せ始め、今日の賑わいの基をつくっていった。いわゆる大都市の大坂の誕生である。本願寺教団も商人との結束を深め、第11代住職の顕如（1543-1592）と、その息子の教如（きょうにょ）（1558-1614）の時代になり、繁栄を見せ始めていた時期である。

教如の生まれた翌年の永禄2年（1559）12月に、本願寺は朝廷より「門跡」号を許された。親鸞聖人の廟堂が東山にあった頃から230年がたち、本願寺という寺号をもつてから、ついに寺門の最高の地位に至りついたのである。もともと「**門跡**」とは、一門の祖師の遺跡という意味であるが、平安時代以後、皇族や貴族が出家して住持する特定の寺院をさすようになり、室町時代以後は最高の寺格となっている。

門跡寺院では、その法務を助ける「院家(いんげ)」と寺務を処理する「坊官(法主の近待、身の回りの世話や事務の補助役で一揆の指導者にもなった)」をおくことになる。翌三年冬、院家として本宗寺、願証寺、新証寺がまず勅許され、つづいて教行寺、順興寺、慈敬寺、勝興寺、常楽寺の五カ寺が許された。坊官には、従来に引き続きそれにあたってきた下間家が、当然のこととしてこれに任ぜられた。

当時、経済的に苦境にあった皇室が、本願寺の協力を期待した配慮であったともいわれている。どちらにせよ「門跡」は教界の最高位であり、院家と坊官をもつその組織は、皇室、公家を背景にする文字どおり貴族の世界である。本願寺も一門、一家衆の上に、この制度が重なって、宗門の貴族化は、いよいよ甚だしくなったのである。

皇族を中心とする貴族社会を「公家」といい、これに対する武門を「武家」、寺院社会を「寺家」といった。比叡山延暦寺とか、高野山金剛峰寺(こんごうぶじ)などがそれであり、本願寺がこれらの寺院に並び立つ存在と認められ、延暦寺からは末寺餞を要求されることはなくなった。そして、否応なしに戦国社会に巻き込まれていったのである。

信長は、商人と本願寺に戦費を要求したが、これに耐えかねた本願寺が、親戚あるいは同盟関係の諸国の大名に応援を求め信長に対抗したのが石山合戦である。

本願寺は、元亀元年(1570)に武田信玄、朝倉義景や景健（かげたけ）、浅井長政、毛利輝元、村上水軍らに応援を求めたのであった。また、全国の主要な寺院・門徒衆に檄を送って、一揆を繰り広げる大決戦になった。本願寺の指揮下に入った湖北の門徒は、一向衆として織田信長との戦いに加わることになる。本願寺住職の下には一族寺院（一家衆）、家老級の地方の大坊があり、その下に地方は越中、能州、和州、但馬、摂州、堺、丹波、奈良、岡崎、三河、尾張、美濃、加賀、越前、長島、駿河、山城など各地で組織化され、この組織はさらに郡単位に細分され例えば加賀は江沼、能美、石川、河北の地区区分で一揆が成立していた。全国の横のつながりとして一向一揆の戦いを展開したのである。

1-4　本願寺を支援した勢力と信長の戦い

　元亀元年(1570)9月に**石山合戦**が開始されるが、この戦いは天正8年(1580)8月2日まで10年もの長い間続くことになる。その理由は、本願寺を支援する各地の一向衆が集まり、友好の諸大名が援軍を送り、食料の物資を送り、擁護（ようご）したからである。容易に勝てない信長は、本願寺を支援する各地の諸勢力を一つ一つ滅ぼしていったと解釈する方が、以後の戦いを理解しやすい。この時、本願寺の顕如は28歳、妻の如春尼は管領の細川春元の養女（三条西公頼の娘）で、長男の教如は18歳の年であった。以下では、本願寺の友好・姻戚関係にあった諸将を紹介してみよう。図4の本願寺　教如系図を参照されたい。

　まず、**細川晴元**〔永正11年（1514）～永禄6年（1563）〕は、永正17年(1520)に家督を継承し、三好元長に擁立されて阿波に挙兵して大永8年(1528)には、管領細川高国を京都から追放することによって一定の地位を獲得する。その後、本願寺の証如に助力を求めたが逆に一向一揆衆との間に不和が生じ、前記したように京都の法華宗徒と結んで山科本願寺を焼き討ちにした。天文4年(1535)には、本願寺と講和が成立し、六角氏と本願寺と連携して幕府政治を主導したが、三好長慶が天文18年(1549)に入京することにより、晴元は地位を奪われて失脚

した。その後、永禄4年(1561)には、長慶と和睦して摂津普門院に隠棲する。晴元は全盛期の天文7年(1538)には、石山本願寺の寺内町に対して諸公事免除や徳政令の施行除外などの特権を得る制札を与えており、これによって寺内町として賑わい発展する。

　また、前記したが本願寺と晴元の関係は、教如の母・如春尼が、三条西公頼の娘であったが、細川晴元の養女となって顕如の内室となる。後に如春尼は、本願寺の東西分流にまで影響を与える事になる。

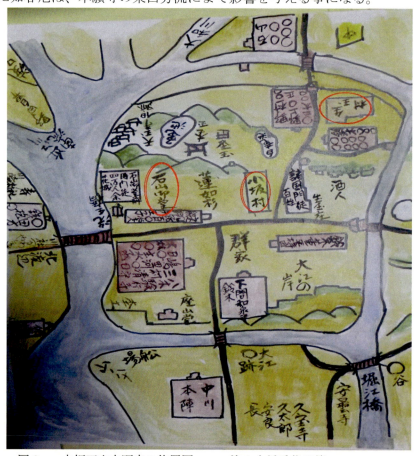

図6　大坂石山本願寺の位置図　　注1 大橋香代子筆

武田信玄〔大永元年(1521)～天正元年(1573)〕は、本願寺の姻戚関係にある武将で永禄2年(1559)に出家して信玄と名乗った。永禄8年(1565)信長に対抗するため、本願寺と同盟を結ぶ。長兄の義信の謀反・敗死によって勝頼が嗣子となる。元亀3年(1572)三方ヶ原の戦いで徳川家康を破り、長篠の戦い（ながしののたたかい）または長篠の合戦は、天正3年(1575)5月21日、三河の国長篠城(愛知県新城市)をめぐり、織田信長・徳川家康の連合軍3万8千人と、武田勝頼の1万5千人の軍勢が戦い激戦であったが、武田軍は多くの重臣を失った。この時、信玄が病気で急死したことにより、武田軍は甲斐に退却した。

　しかしながら信玄の死は、後の本願寺にとっても大きな打撃であった。先にも記したが顕如の妻(教如の母)如春尼は、三条西公頼の三女であり、その姉次女が武田信玄の継室として嫁いでいる。この関係を考慮しただけでも、本願寺と武田家は親戚で深い繋がりがあった事がうなずける。後年であるが本願寺の教如は石山本願寺を退居した後、流浪の身になって紀州の鷺森から甲斐の勝頼を頼って身を寄せようと試みた書状が残っている。

　さて、武田軍が退却したことによって、これまで織田軍の行く手を拒んだ包囲網は一部破綻し、信長は大軍勢を近江や越前に向ける事が可能になった。結果的には、勝頼は関東諸将との同盟により北条氏を牽制(けんせい)し、武田家に人質としていた織田信房を織田家に返還して信長との和睦を試みた。しかしながら、天正10年(1582)3月には織田・徳川連合軍によって武田領の甲斐国への本格的な侵攻が行われ、ついに勝頼は天目山野田で享年37歳にて自害し、武田家は滅亡した。

　朝倉義景は、弘治元年(1555)、上杉謙信の川中島出兵に呼応する形で加賀に出兵し、加賀の国を制覇していた一向一揆を討ち、加賀半国を抑えた。永禄9年(1566)、足利義昭を調停役として本願寺との和睦が成立した。教如の最初の妻は、義景の娘（三位殿）である。長年、本願寺の宿敵であった朝倉家がこの結婚を証として和議が成立したのである。このような関係から、朝倉義景は、本願寺と同盟関係を結び姻

戚関係でもあったので、しばしば大坂へも援軍に加勢した間柄である。
　朝倉義景は、元亀元年(1570)に浅井長政と同盟関係を結び信長に抗戦するが、同年、姉川合戦で、浅井軍と共に敗北する。再び、天正元年(1573) 8月に織田信長が合戦を挑んだのが**一乗谷城の戦い**である。信長は、幾度か越前へ戦いを仕掛けるが、一乗谷城での攻防は極めて限定的であった。激戦したのは天正元年8月13日の**刀根坂の戦い**（とねざかのたたかい）で、その地名を付けてそう呼ぶ事が多い。
　朝倉家は義景が総大将であったが、景鏡、景健らはこれを補佐して同盟関係の浅井家にはしばしば援軍を送り、大垣や大津、北近江にも再々出陣していた。義景は、結果的に手勢のみを率いて一乗谷を逃れ、景鏡（かげあきら）に促されて大野郡へと移動していたが、20日には仮の宿所として景鏡に指定された六坊賢松寺に着いた。しかし、信長に内通を企てていた景鏡は、主君の義景を裏切り、手勢200人を引き連れて宿所を取り囲んだ。近習らが奮戦・討ち死にする中で義景は自刃した。義景の嫡男・愛王丸や義景の愛妾小少将などの極近親者は、降伏を条件に助命され捕らえられた。義景の他の近習の一部はあえて殉死せずに生き残り、彼らの助命交渉やその後の世話をすると決めていた。しかし、織田軍により義景の関係者たちは護送中に総て処刑された。
　景鏡は義景の首を持参し信長に投降した。これによって景鏡は信長に所領を安堵され、姓を土橋信鏡と名乗ったが、後の一揆が起こった時に平泉寺にて自害した。
　朝倉景健（かげたけ）は、**刀根坂の戦い**で奮戦して、主君・朝倉義景を越前へ逃がすことに成功した。信長に降伏して、所領も安堵され、姓を安居と改めた。後に、越前で一向一揆が起きると一揆方に降伏し、天正3年（1575年）に織田軍が越前再侵攻した時、一揆方が劣勢になると織田軍へと再び投降し、一揆方を指揮した下間頼照・下間頼俊らの首を持参して信長に降伏したが認められず、信長の命により自害させられた。
　浅井氏と本願寺の関係は、細川晴元や朝倉義景の同盟関係と北近江

の門徒衆を通じての間柄である。浅井軍の半数は門徒衆であり、その指揮者が一部は寺院の僧侶であった。この事から浅井軍と湖北の一向衆は同体であり、一丸となっていた。

　先にも記したが浅井氏は、元は京極家の家臣であったが北近江の支配者として成長して、北東部に勢力をもっていた。**浅井長政**は、永禄6年（1563）に美濃遠征をおこなった。その留守を狙って六角氏が軍を動かしたため、長政は軍を反転させて六角軍を撃破した。家臣の赤尾清綱が500の兵で見事な働きをした功で勝利した。この戦で浅井氏は領地を拡大したが、その後は六角氏との停戦協議により、膠着（こうちゃく）状態であった。

図7　　　　小谷城跡

　この時期の織田信長も、美濃の斎藤氏と膠着状態であった。信長は長政に同盟を提案し、妹のお市を永禄7年（1564）（翌年の説もある）に嫁がせた。信長と同盟を結び妹のお市の方を妻として、浅井家の全

盛期を築いた。信長との同盟には、朝倉家には侵攻しない約束だったと伝えている。信長は浅井との同盟により、美濃国攻略の足掛かりと上洛の経路ともなる近江口を確保することができた。

永禄 11 年（1568）7 月、越前国に逃避していた足利義昭は、待てども上洛の意志をみせない朝倉義景に見切りをつけ、尾張の信長の元に身を寄せた。それに伴って 9 月に信長は上洛を開始した。上洛の道中、信長は、長政の敵でもあった反抗勢力の六角氏を討伐した。これにより六角氏の勢力は、南近江の甲賀郡に撤退し、長政は信長と共に義昭を守護しながら上洛を援護した。

その後、信長は若狭および越前の朝倉方の城の攻略に乗り出した。しかし、浅井家と同盟関係にあった朝倉氏を信長が攻めることになり、信長と決裂した。その上に本願寺の門徒衆を兵力として抱えている事は、信長と決裂がやむを得ぬ決断であり、長政は断腸の思いで信長を敵に回さざるを得なかったに違いない。

姉川の戦い(別名、姉川合戦、野村合戦、三田村合戦とも呼ばれる）は、元亀元年(1570)6 月 28 日に姉川河原（元長浜市野村町及び三田町一帯）で、浅井・朝倉軍 18,000 人に対して織田・徳川軍 23,000 人が姉川の北西岸と南東岸に布陣して戦った合戦である。

その後、天正元年（1573）7 月、信長は 3 万の軍を率い、再び北近江に攻め寄せる。長政は朝倉義景に援軍を要請した。義景は 2 万の軍で駆けつけたが、状況は織田の軍勢が北近江の城を落とし、浅井家中にも寝返りが相次いでいた。これを見た義景は、浅井軍の救援を不可能と判断して、越前国に撤退していった。

撤退する朝倉軍を信長は追撃して刀根坂にて壊滅させ、そのまま越前国内へ乱入し朝倉氏を滅亡させた。その後、取って返して全軍を浅井軍に向けた。浅井軍は勢いにのった信長軍によって、徐々に追い詰められて勢力範囲を狭められていくのみであった。そして、ついに本拠の小谷城に籠ったが織田軍に囲まれた。信長は不破光治（同盟の際の使者）、さらに木下秀吉を使者として送って降伏を勧めたが、長政は

断り続け、最終勧告も決裂した。

図8　姉川の戦い　旧陸軍参謀本部編纂『日本戦史』[(44)]

　天正元年(1573)8月27日、父の久政が自害し、9月1日には追い詰められて敗れた長政も自害し、浅井家は滅亡した。29歳であった。墓所は滋賀県長浜市の徳勝寺にある。小谷城の落城の際には、柴田勝家がお市の方、三姉妹の淀、江、初を救い出し、福井の自領に保護した。

　毛利元就{明応6年(1497)～元亀2年(1571)}の孫、**毛利輝元**（もうりてるもと){天文22年(1553)～寛永2年(1625)}は、安芸国の大名で安土・桃山時代から江戸時代前期にかけての毛利家の第14代当主である。

父は隆元で祖父は元就である。永禄5年(1563)に家督を継ぎ、祖父の元就や吉川元春、小早川隆景らの後見・補佐を受けて中国地方を平定する。足利義昭が反織田になった時、その同盟に加わった。浄土真宗の強固な安芸門徒として知られる家臣も多く、織田氏との対決が決定的なものとなった。

　輝元と本願寺の関係は深い同盟があった。本願寺が石山合戦で信長から徹底抗戦を受けていた時、輝元は村上水軍を駆使して兵糧米や武器を次々と送り支援をした。古文書にもその記録がある。

　　此年月法敵の為に窮因し、修羅の■に奔走しさふらふ事、
　　かく云光佐始め諸国門徒中一心に置候阿弥陀如来に帰命し奉り、
　　仏恩報謝の一心により、今日迄敵徒毎々砕き破り達候事
　　一流勧化信心ひとへに誠糯の金剛なり、
　　殊ニ此度糧米三万石・大豆五千石送り■り、
　　さてさて、毎々難有入収申候、かかる濁悪悪世のありさた、
　　猶々由断なく行住座掛に念仏を申され候へ、
　　　　　　あなかしこ、あなかしこ
　　天正九年　十月七日　　　顕如(花押)
　　　　　　鞆・尾の道　　　坊主衆　門徒中参
　　　　顕如から鞆・尾の道宛て感謝状　所持者不明

　毛利・村上水軍が信長軍の鉄甲船に敗北すると海上支援ができなくなった。本願寺は、この後方支援を断たれて大きな打撃を受けることになる。そ後、本能寺の変の頃であるが、教如が石山本願寺を出て流浪の時期を過ごした頃、この毛利氏を頼って中国地方に潜伏していたという伝えもある。

　信長が上洛して中央政権の道を本格的に歩み始めると、その影響は西国にもおよび、毛利氏との全面戦争は避けつつも、領国を圧迫しつつ迫ってくる状態になった。ついには、信長の領国拡大路線によって、毛利氏と織田軍が領国を接すると、争いは避けられなくなった。

　足利義昭が信長に追われて、天正4年(1576)に備後に逃亡して来た

時、輝元は彼を庇護して亡命政権の鞆（とも：福山市）幕府を樹立した。この時、織田氏との同盟関係を破棄して、武田氏、上杉氏、本願寺らと同盟関係を結んだ。そして、輝元は義昭から副将軍に任じられた。織田氏と畿内及び中国地方で争いを繰り広げたが、その過程で尼子氏の残党にも勝利し、祖父の元就時代を超える広大な領土を獲得した。

　その後、毛利氏と同盟関係にあった周囲の諸将勢力が信長軍によって次々と撃破されていった。中国地方の攻略を担当していた羽柴秀吉による備中高松城の水攻めに対抗しきれず、輝元は次第に追い詰められた。秀吉はこの地に信長を招く準備をしていたが、天正10年（1582）6月3日に明智光秀が毛利氏へ向かわせた密使を偶然に拘束した。所持していた密書で信長の死を知った秀吉は、毛利軍に知られぬよう密使を暗殺してこれを秘匿した（異説もある）。

　毛利方の軍使・安国寺恵瓊を仲介役に和議を成立させ、城兵の命と引き替えに城主の清水宗治を切腹させた。直ちに秀吉は主君の仇敵と対決すべく中国の大返しにより、強行軍で畿内へ引き返した。輝元は、天正10年（1582）6月2日に信長が本能寺の変で横死した事を知らないまま、秀吉と一時的に和平を結んで危機を脱した。

　その後も輝元は、秀吉と数年争ったが、両者の国境策定に応じて、祖父以来の領地を安堵されたので、争いを終わらせて和睦した。また、秀吉の天下統一に向けた戦争にも協力し、四国攻めや九州攻めでは先陣を任されている。これらの働きによって輝元は秀吉の信任を得て、徳川家康や前田利家にならんで五大老に任ぜられ、後には、豊臣家の重臣となった。また、中央の豊臣政権に関わりつつも、自国領の経営にも力を入れ、広島城の築城や城下町の整備、輝元出頭人と呼ばれる、輝元を頂点する支配体制の構築を目指して側近集団を整備した。

　秀吉没後の関ヶ原の戦いでは、西軍の総大将となったがその後は、徳川家康との馴染みで領土を縮小されるが、家督を安堵される。

　村上水軍は、三派あり、戦国室町時代に因島村上氏は毛利氏に直轄の水軍だった。来島村上氏は毛利氏の支援した河野通直の部下に、能

島村上氏は河野氏と友好関係を持って瀬戸内の水軍であった。しかし河野家の内紛に巻き込まれ、四分五裂状態を繰り返すが、三派は毛利氏の支援により、行動を共にするようになる。その後は、中国地方に勢力を張った毛利水軍の一翼を担い、瀬戸内で信長軍と幾度かの戦いにも参戦した。そして何度か本願寺への支援にも大きな役割を担った。

　毛利・村上水軍が信長軍の鉄甲船に敗北した後、来島村上氏は、秀吉の家臣となり、独立大名となる。他の二家は能島村上氏が小早川氏（その後、嗣子が無く断絶）、因島村上氏は毛利家の家臣となった。天正16年（1588）に豊臣政権から海賊停止令が出ると、村上水軍は従来のような活動が出来なくなり海賊衆としての活動から撤退を余儀なくされた。

　当時、本願寺と深い同盟関係を保った諸大名の末は、以上の様な経緯であった。

2章　湖北一向一揆の影の人
2-1　一揆は浅井軍を護る戦いでもあった

揆を一にする力で、中世末期、民衆の力を糾合し、北陸加賀に「百姓ノ持チタル国」を現出させた浄土真宗の戦いは、文明5年(1473)に富樫正親と交戦した文明の一揆からであった。この一揆以来、「原野の火のごとく拡がった一向一揆の終焉を告げる最大の激戦が、11年におよぶ石山合戦だった」と表現する人もいるが、このような見解と本著で述べている見解とは少し異なる。

先にも述べたように本願寺教団(一向宗＝真宗)の戦いの切っ掛けは、信長の石山本願寺の乗っ取りに掛る防衛であって、敢えて信長に挑んだのではなく、法灯を護るために戦わざるを得なかったものである。本願寺教団の抵抗は、元亀元年(1570)9月6日に出した顕如・教如の檄文を受けて、本願寺を支援する全国の戦国大名や門徒衆が面的に広がって立ち上がったのである。これに対し、信長は主従関係の縦系列の武力によって支配する領土を拡大した。したがって、面的な武力の広がりをもたない信長は、本願寺を支援する全国の大名を順次に倒すしかなかった。

このような状況から、本願寺と同盟関係を結んでいた浅井軍も然りで、湖北の一向一揆衆や朝倉氏との関係で、姉川の合戦には信長の挑戦を受けて立たざるを得なかったのである。

浅井長政を補佐するとともに、湖北の一向一揆で重要な役割を果たしたのは**性慶**(せいきょう/せいけい)である。彼の父の性宗は、美濃国大垣の津布良庄の出身で斎藤氏にそこを奪略された。土岐氏の末裔で、蓮如や伊勢の本宗寺も遠縁にあたる。浅井亮政が大永元年(1521)と1525年に美濃遠征で斎藤氏の大垣城を攻めた時これに助力した。その縁で亮政の誘いを受け、小谷城下に移り住んだ。これ以来、関ヶ原の松尾山は、浅井氏が占領した。また、永禄7年(1564)に長政が美濃攻めで遠征した際にも、道先案内をして功を立てたのが性慶である。後に長政から近江国小谷村に寺地を与えられ、称名寺の僧となった。

図 9 血判阿弥陀仏絵像
画像提供:半田市浄顕寺所
蔵　許可　注 2
縦 65 cm と横 33cm

　元亀 3 年(1572)に江北の一揆が起こった時、その首謀的(中心的な人物)な役割を果たしたのが称名寺の性慶であった。姉川の合戦・一向一揆では、湖北十カ寺のリーダー的存在として活動した。信長軍の動向についての情報を入手するともに、長島や北陸の一向衆と連携をとり、湖北十カ寺衆を先導した。性慶がそのような情報を入手できたのは、

先祖が美濃国出身であった事や、同じ美濃国の土豪の末裔で、広瀬兵庫助とも近しい間柄であったことからである。

　図9は、歴史家から長島の一向一揆で使用したものとされてきた血判阿弥陀仏絵像に、湖北の人々が署名してある事が近年、判明した。これは、石山合戦が終了してから、本願寺の顕如から一向一衆に加勢した、半田市の浄顕寺に下付されたものであるとして2幅が伝わっている。今日では、半田市の寺院に寺宝として保管されている。何故、血判阿弥陀仏絵像に、湖北の人々が署名したのかについては、湖北の郷土史家も全国の歴史家も謎であるとして、解明していない。その事を、本著では、後ほど詳しく解説したい。

　さて、浅井氏の滅亡後、性慶は一揆の首謀者であるとして信長の命でその寺院が焼き討ちにされ、捕らわれの身となった。その後、秀吉が長浜城を築城してから、性慶は城内の牢獄に監禁されていた。天正10年(1582)に「本能寺の変」が起きた時、性慶は秀吉に捕えられてから10年が経過していたこともあり、長浜城では軟禁状態で多少の自由があった。秀吉家族の避難先を探している話を聞き、そのお世話役として兵庫助が最適であると進言した。

　性慶は、こうした機転により兵庫助とともに、秀吉家族らの避難の世話をした。この事から事態が落ち着いて後、秀吉によって罪が許され、7月1日に寺領六十余石を与えられ門徒も復帰させ、晴れて長浜城の使用人となった。また、後日の事であるが、賤ケ岳の合戦の時にも柴田勝家側の情勢を探ってその情報を秀吉に伝え、大垣からの大返しに大いに参考にして有利に導いたと言われる。その後、性慶は秀吉から天正18年(1590)に、秀吉の江北の直轄領8万石の代官(封建時代の領主に代わる役人)を命じられた。

　長浜の地域だけでこの時代を視る郷土史家は、「本願寺に隆昌をもたらした力は何処にあったのか、それを知るためには、信長の覇権阻止に死闘を続けた湖北一向一揆をかえりみなければならない。湖国の一揆は、湖東、湖西、湖北の三つの地域で燃え上がった。湖北三郡を

中心として、浅井・朝倉の勢力と連携して信長と対決した江北一向一揆は、湖北の有力寺院十カ寺が結束した。そして地元の歴史家の中には、その筆頭に立ったのが福田寺11世の覚芸であった」との見解があるが、十カ寺だけで無くさらに視野を広げねば真相は出てこない。

　前記の性慶の働きで明らかなように覚芸のリーダー説は、多分に性慶の助力によるものと思われる。覚芸は蓮如の旧跡であり福田寺（長浜市長沢）住職である。浅井長政の庶子・次男の万寿丸正芸が出家して匿われたと言う伝承もあるが、事実かどうかはさらに資料で検討する必要がある。それは覚芸の庶子であった事が判明しているとする説もある。『坂田郡志』[9]いずれにしても、御坊格の寺院であったのを視野に入れての事だと思われる。福田寺は元々、天台宗であったが蓮如の教化により、仏光寺派から本願寺派に転派している。しかしながら一揆の勢力は、湖北の十カ寺が氷山であり、それらだけではなく湖北全体の寺院が講組織をつくり、組織全体が一向一揆として実働したのが事実である。その事について、以下に説明をしておこう。因みに**湖北十カ寺衆**は下記の寺院を指す。

　福田寺（城）（覚芸）長沢　　下寺62カ寺、
　福勝寺（城）（覚乗）大戌亥　下寺6カ寺
　真宗寺（城）（祐乗）益田　　下寺16カ寺
　浄願寺（勝理）榎木　下寺不明
　称名寺（城）（性慶）平野の尊勝寺　下寺20カ寺
　誓願寺（城）（了乗）内保　下寺24カ寺
　順慶寺（珍乗）上坂　下寺不明
　金光寺（教通）十里　1（後に分家3カ寺）
　中道場（授法寺：願心）西上坂　下寺6カ寺
　誓願寺（超宗）箕浦　下寺16カ寺

　湖北十カ寺衆の下寺を合計すると、200カ寺にも満たない。当時の真宗本願寺系の寺院数は、700カ寺以上あり、湖北の一揆衆の勢力は十カ寺衆だけの勢力だけでは無かったことが明白といえよう。

2-2　湖北の小教団(講)の成立と一向勢力

　湖北の郷土史家は、湖北の真宗寺院が戦国時代の半ばまたは、末に土豪や地侍が出家して惣道場を寺院化していったものであると、推し述べて説明する人が多い。しかしながら、これは誤りで、土豪や地侍が出家して寺院化したのは少なく、多くの寺院は、元天台宗や真言宗、など室町時代以前の仏教宗派であった。それが湖北のあちこちの山々に伝わる〇〇百坊だったのである。例えば、伊吹山百坊もその一つである。それは、奈良時代の泰澄(682-767)が越前の国白山で修験道を開いてから、天台系の山岳仏教として或いは白山権現として一帯の山系に伝わり、修行場として小規模な僧坊が山頂のあちこちに出来た。天吉寺や大吉寺、醍醐寺などはその名残である。

　山頂の小坊は、平地に住民が定住するようになると下山して、村々に坊舎ないしは白山権現寺社を作るようになった。その後、室町時代になると姉川の合戦の時、天台宗の寺院はほとんど信長の手で焼かれてしまい、室町時代後期から江戸時代初期ない至は中期にかけて再建される。著者の寺院もそうであり、記録では永正 2 年(1505)に転派・開基で、白山権現から臨済宗を経て浄土真宗に移った例である。兵火に合って焼失した寺院はその後、教如の時代に本願寺の末寺になった。

　このような例が湖北には多く、他宗から真宗に転じた寺院は、以下で述べる惣道場と同様の行動をとるが、寺号をもった寺院であった事は確かである。前掲の木佛下付図 10 のように、少し時代は下るが「宣如下付で、寛永十八年、江州浅井郡　甲賀惣道場　観行寺常住物」とあるように、惣道場と寺号が並び書かれている。寺号から判断すれば、天台系の寺号を称しているからである。このように考えれば、山頂に〇〇百坊があった多くの小規模な坊舎が下山して、湖北の真宗寺院を形成したことが解る。湖北の寺院がこのような経過をたどって寺院化した事は、伝承としてはあるが、論文化された文献は皆無に等しく本著述がはじめてである。

図10　　観行寺　宣如の木佛下付裏書き　　米原市観行寺蔵

　さて、この様な経過を経た湖北の寺院は、全国に比べて異常と言っても良いほど狭小な地に密集して多い。そして、その大半が真宗寺院であるが、これらの寺院が、戦国乱世にどのように巻き込まれたのかを以下で述べてみよう。

　湖北教団と教如との関係では、注目すべきことを柏原祐泉稿「本願寺教団の東西分立」[3]では、以下のように述べている。

　「江北にすでに存した局地的な寺院結合体が教如方についたり、或は新しく教如に結びつく局地的寺院結合が生れたりしていることである。長浜・五村両御坊が多分に教如側からの働きかけによって成立したと考えられるのに対し、ここで述べる小教団は、末寺側からの求心的活動として現れるもので、いずれも教如の東本願寺建立前に、

すでに湖北教団のなかの小教団として、形成されていた。その後、十カ寺衆と合流して石山本願寺の防護に至る。」

つまり、湖北での戦に十カ寺衆が出てくるが、それ以外に湖北の小教団(講)として成立していた勢力も本願寺を支援し、一向一揆にも加勢したことを述べている。

例えば**下寄(講)衆**は、第10代住職証如記述の「天文日記」によれば、「江州下寄衆」として西空・慶正・正了・孫兵衛入道などが再三当番のため石山本願寺に上山していることが解る。当番とは、石山本願寺の寺内町の番衆に全国の講組織の者が、交代で勤務していたのである。この事から推察すれば、下寄衆は証如時代(永正13年1516~天文23年1554)には、寺号をもつ寺院、まだ寺号をもたない道場経営者の組織が講によって結合していたことが解るのである。このような下寄衆の講結合は、そのまま第11代住職顕如時代にも継承され、さらに第12代住職教如へと受け継がれて江北教団に結合していったもので、下寄衆も教如方へ向うこととなった。

しかしながら、この間の経緯を詳しく知ることはできないが、それは教如がなお隠居中の慶長6年(1601)6月に裏書をして下寄講に下付した当時の顕如絵像が伝えられていることで継続していた事が明らかである。そして下寄講の各寺は、ほぼ教如の配下に入って後、あるいはその後に、道場形態から各寺号を称して寺院形態へと発展した所もある。下寄十二日講は、坂田郡下(長浜市)の覚応寺、善照寺、浄願寺、誓伝寺、徳明寺、西空寺、東浅井郡下の念相寺、真願寺、安勝寺、西照寺、宗念寺、照明寺の十二カ寺の組織である。

前記の様に柏原祐泉稿「本願寺教団の東西分立」[3]では講の形成を説明するが、湖北には天台宗をはじめ他宗から浄土真宗にこの頃転宗転派をした寺院も多いし、本願寺の東西分派の時に講組織の出入りがあったことも考慮する必要がある。この事を前提に、湖北の講組織を追加説明しておこう。

十四日講は、慶長元年(文禄5年)(1596)1月14日に旧長浜城域内に

あった御堂に湖北の寺院代表が集まって、教如の寿像を架け法要後に教如の御書を拝読し、本願寺の支援護持の会議を開いていた事が『近江国坂田郡志第五巻』[9]にも書かれている。これが十四日講の始まりである。後に上浅井十四日講と下浅井十四日講、伊香を中心とする十四日講に分かれたようである。

上浅井十四日講は、一時期休止するが、江戸時代初期には復活して来生寺、万伝寺、勝円寺、光現寺、蓮光寺、行徳寺、観念寺、南流寺、観行寺、福順寺、成真寺、飯田寺、恩長寺、妙香寺、法通寺、願教寺、還来寺(**途中1カ寺除名**)の18カ寺で会所を廻して、教如・宣如の寿像を架け法要を勤めている。

また、**湯次方**は、徳川中期の記録によれば、東浅井郡の本誓寺など十四カ寺・一道場二同行村と、坂田郡の蓮沢寺など四カ寺と、美濃国広瀬村の妙輪寺・坂内村の伝明寺の、計二十二所の組織である。これら二十二所は、もと十カ寺衆一つである誓願寺の支配下にあったが、天正8年(1580)の石山本願寺退居の時、誓願寺は顕如に従って雑賀に同行し、残った寺院などは教如の「抱様」に同調して誓願寺と対立することとなった。その後、慶長5年(1600)、関ケ原合戦に教如が関東の家康を見舞って帰洛の途中、湯次で暴漢に遇う所を安全に尽力したという。その結果、翌年に教如から寿像を下付された。

教如を奉する講は、先に述べた上浅井十四日講以外にも、下浅井十四日講、五日講(湯次方大講)、十二日講(下寄講)、海津の道了を中心とする十日講など、幾つかの講が湖北の地にあり、今日まで続いている。このほかにも、五村別院下五十五カ寺、五日講等が存在したが、五村別院下、長浜別院下に分かれた時期、本願寺の東西分派の時期などに講組織の寺院の出入があった。

この講の仕組みは、教如自身が本願寺の組織確立にあたって志向した形態で、1カ寺が2つの講に属する所もあり、鎖状に繋がっている。それらの講は、江戸時代を経て、今日にまで継続されているが、湖北に東本願寺(真宗大谷派)が多いのは、蓮如に続く教如の教化の御縁を

2章　湖北一向一揆の影の人

継承するもので、乗如の「二十二日講」を縁とする法要と共に、「回り仏」と称されて受け継がれている。

図11　　上浅井十四日講お蔵箱

　また、これらの講の集まりは、本願寺に上納する懇志を集める組織でもあった。特に、湖北教団が教如に帰依する志は格別であって、献納した書状が湖北には多数残っている。このような懇志は、教如以降例年の如くに続けられ、明治時代の大谷派寺院組織制度ができるまで、続いた。

　鳥目六千貫を献納した（文禄四年九月十四日の御書であると伝えている。）書状を記しておこう。

　　為志　銅六千貫来候。各々懇志の至有難く候。抑々当流安心の趣は、何の煩いもなく、雑行雑修を捨てゝ、一心一向に阿弥陀如来後生助け給へ申す人々には、浄土に往生すべきこと、ゆめゆめ疑うべからず。かくの如く、信心決定候上は、行住座臥に念仏申すべく候。これをすなわち仏恩報謝の念仏なりと心得候はゞ、油断なく申され候へ。この通り細々各々談合候べし。よく

よくたしなみ肝要に候。穴賢々々
　　季秋十四日　　　　　　　教如㊞
　　　江湖北郡十四日講中
　　　　其の外志衆中

　十四日講など、教如をご縁とするこれらの講は、先にも述べたが長浜・五村両御坊が創建される混乱期に一時中断するが、その後復活し、江戸時代から今日まで継続されている。いずれの講も運営は、時代の状況によって変化するが、寿像(顕如・教如・宣如など)、御書、お蔵箱、記録などを毎年持ち回り、当番寺で法要を営んでいる。
　当初は春秋の年2回、前日に逮夜、当日に朝事・日中の法要を勤めた。現在は年一回、巡回する宿寺で各寺院が集まり、寿像を架けて法要を勤める。その後、教如ないしは宣如の御書を拝読し、講の護り事を確認するとともに、お斎(とき)が出された。当番寺は総門徒が参詣するが、十四日講では参勤寺院は部内(東・中・西の3部がある)の住職と総代2名は講米料と御香儀を、部外は御香儀を持参する。この様に寿像を回り仏にして法義を営んだのである。毎月に寿像だけ回して、年一回総法中が集まって法要を勤める講もある。
　以上のように、湖北の小教団(講)が成立するが、他府県にても同様の小教団(講)が成立していた。そして表面的には、湖北十カ寺のように勢力の大きい大坊寺院が抵抗勢力として一向一揆の中心的存在となったのである。

2-3　秀吉家族の逃避と広瀬兵庫助

　広瀬兵庫助は、美濃国(岐阜県)広瀬郷の広瀬城第17代当主・広瀬康則の次男として永禄元年(1558)に生れた。父の康則は、元亀3年(1572)6月13日に老家臣だった東野大助との不和がきっかけで、内通していた織田信長の家臣、稲葉一鉄(江戸幕府第3代将軍徳川家光の乳母・春日局の養祖父)に攻められ42歳で討ち死にした。領地は信長に没収された。兵庫助は天正4年(1576)夏、及び8年(1580)の2度、康

宗・九助の三兄弟で小殿乙若らの従者として石山本願寺へ援軍で行っている。

後に羽柴秀吉に仕えて広瀬兵庫助（広瀬兵庫頭宗直：元の名は康親）と名乗った。秀吉の長浜時代に兵庫助に長浜城築城の用材として、揖斐の日坂村から壁下地用の大量の竹材を調達するように命じている。秀吉が日坂の地侍・久瀬に宛てた文書で「**自領に良い竹がなく広瀬兵庫が沙汰する。大小によらず差し出すよう**」命令じたと日坂古文書（長浜城歴史博物館所収）に記されている。

兵庫助は、日坂村から良質の竹材を大量に買付けて代金を支払って調達し、それを県境の峠を越えて秀吉の築城現場まで輸送したのである。8年後に、正式に家臣として秀吉に召し抱えられ、長浜の地（長浜市室）にも屋敷を設けて居住した。先にも述べたが、天正10年（1582）6月2日の「本能寺の変」の時、性慶は秀吉家族の避難先の話を聞き、その世話役として兵庫助を紹介した性慶の機転により兵庫助とともに、秀吉家族らの避難の警護にあたり広瀬へと導いた。

避難の様子は、以下の様である。まず、長浜の近くに縁者のある人は、そちらへ**避難**させた。残った人達で避難した一行は、秀吉の母（なか）と夫人ねねは、夫人の兄（木下家定）とその夫人、夫人の姉（やや）とその夫（浅野長政）らであった。木下家定には、四男の秀秋（3歳で秀吉の養子となった、後の小早川秀秋）がいたが、幼いため長浜城下町の総持寺（長浜市宮司）へお供の家臣とともに預けた。

3日の午前中に一行は、称名寺性慶の先導で長浜城を出発した。秀吉の母とねねは、輿（長柄でかつぐ乗り物）に乗り、木下家定らは武士の装束の侍姿であった。一行は性慶とともに、長浜の北東部の上草野村岡谷（長浜市岡谷）から七曲峠を目指した。峠の麓の岡谷に到着した所で、広瀬村から迎えに来た武者姿の兵庫助と合流した。ここからは、兵庫助の警護のもとで七曲峠を越えて姉川上流の東草野村（現米原市）へ着いた。長浜から20kmほど歩いて甲賀村・曲谷村に着いたのは、3日の夕方頃で、この先は渓谷に添う険しい山道であり、遠いので一泊

する。全員が一か所に留まる事を避けて、両村の観行寺・円楽寺等に分宿して避難の最初の一夜を過ごした。村人が食事のお世話をした。長浜城は、一行が出発してから間もなくして明智光秀方の京極高次、阿閉貞大らの軍が押し寄せて占拠した。

　翌4日には、1.5里(約6km)の山添道を歩き、昼頃に甲津原(米原市)に入った。ここから目的地の広瀬村にたどり着くには、5里(約20km)の峠を越える遠い道のりである。そして、ここで輿を降りて全員が徒歩で新穂峠(体力的にも精神的にも辛抱強く峠を越えなければならないので、辛抱峠とも呼んだ)のある険しい山道を越える事になる。女性にとっては過酷な山道を移動するので10時間ほどかかると判断した。

　そこで、一行は甲津原にある兵庫助の知り合いの行徳寺で、一泊する事にした。そこは、8年前の天正2年(1574)に長浜城へ大量の竹を輸送した際に利用した最適なルートで慣れた道である。また、兵庫助は、当時に何回もこの寺に宿泊した事があり、住職やその家族とは親しい馴染の付き合いがあった。一行の身の回りをお世話するために、広瀬村の館へ使いを走らせて、介人や食料、身の回りの品をこの寺まで運び込ませてあった。

　その翌日には甲津原を出発して、新穂峠を越えて美濃国広瀬村にある兵庫助の館に着いた。広瀬では、兵庫助の手助け役の人たちが集まって、精一杯の手厚い持て成しをしたようである。長浜城の安全が確認されるまでの約10日間、この地に滞在した。甲津原には、以前に春日(岐阜県揖斐川町春日)に住んでいた楽人(舞楽の芸能者のこと)で観世流(結崎流)の太夫(家元)が住んでおり、子孫が代々に渡って伎を伝えていた。この人達を招き、兵庫助はねね達の一行を猿楽(仮面をつけて、面白い言動をする古くからの芸能)などで避難生活の寂しさを慰め、手厚くもてなした事が、甲津原の共有文書にも書かれている。

　秀吉は、備中から引き返し、6月13日の山崎合戦で光秀を討ち取った。京極高次、阿閉貞大らはこれを知って長浜城から退散した。秀吉は17日に帰城し、ねね達の一行にも長浜から安全の知らせが届き、こ

ちらを出発して19日には無事に帰城した。この後、秀吉からは兵庫助宛に、「甲津原文書」と「広瀬文書」といわれる2通の文書が下付されており、次のようにその逃避の功に感謝している。

　兵庫助の功を賞して五百石の地を与えた。宛行状(甲津原共有文書)
　　　　　所　　付
一　四百弐拾石　　　高山
一　三十五石　かうつはら　（東浅井郡甲津原）
一　四拾五石　すいの　（伊香郡杉野）
　合五百石可レ有知行也。
今度女房共相越候處、圸馳走候。喜悦候。為忠恩五百石、令扶助畢。可有全領地状件。
　　　天正十年　　　　　　　　　　　次（花押）（秀勝）
　　　　　六月十九日　　　　　　筑前守　秀　吉　（花押）
　　　　　　廣瀬兵庫助　殿
　① 近江国東浅井郡高山（長浜市）　　　420石
　② 近江国甲津原(米原市)　　　　　　 35石
　③ 近江国杉野(長浜市木之本町)　　　 45石　　合計 500石

この時、性慶の功績も認められ、長浜城の牢屋からの帰住を許され、寺領六十石と居宅を与えられて、以後、**秀吉の家来になった**。

　また、逃避の途中の東草野谷の村々に、食事・警護等で安全と歓待を受けたとして、次のような年貢免除の状を受けている。

草野三郷事、先年忠節仕付而、今度之御検地被相除如有来候被仰付候状、各成其意添可存候也。
猶々　　天正十八年迄之年貢、如有来被仰付候。以上。
　天正十九　　　　　　　　　　木下半介
　　　卯月廿五日　　　　　　吉　隆　（花押）
　　　　板並　吉槻　高〔甲〕賀　曲谷　高〔甲〕津原

　これらは、『坂田郡志第二巻』⁽⁹⁾にも記載されている。以下に、書状を記しておこう。

図12　秀吉公・秀勝連署状広瀬兵庫宛書状　画像提供：長浜城歴史博物館図録
　　天正10年（1582年）6月19日付 1巻
本能寺の変後、秀吉家族を美濃に逃がした恩賞として、秀吉とその子・秀勝が高山・甲津原・杉野の地で、五百石を兵庫助へあてがった文書。　知行書

図13　柴秀吉書状　広瀬兵庫宛」　画像提供：長浜城歴史博物館図録
　　天正11年（1583年）11月12日付 1巻
織田信長から拝領した所領2ヶ村を、秀吉が兵庫助に安堵した文書。詳細は、池田恒興・稲葉一鉄に伝達するとある。　知行書
　この後、天正11年(1583)の賤ケ岳の戦いで、羽柴秀吉と柴田勝家の決戦で、兵庫助にも功績があったことに対して領地を与えられた。
［所付］（与えられた領地を支配する地域と年収）
①美濃国広瀬村、坂本村(岐阜県揖斐郡揖斐川町)
②近江国新庄村(滋賀県米原市)
③近江国高山、甲津原、杉野　　　　　　　　　合計 1,500 石
　兵庫助は秀吉に 1,500 石の知行を得たが、関ヶ原の戦いで西軍に属して敗走。2 年間修業をして出家して、高山(長浜市高山)の福順寺住職・西了になる。その後、寛永元年 3 月 15 日に 66 歳で没した。

3章　秀吉の勝利への巧作
3-1　他地域の一向一揆の惨状

　湖北の一向一揆については前記してきたが、他地域に於いても信長の戦略は非情なものであった。以下、藤島達朗著『本廟物語』(5)を参考にして、概略を述べておこう。

　信長は、朝倉、浅井を討つべく元亀2年（1571）に京都を発し、叡山の衆徒を味方に付けようとしたが、聞き入れないので、直ちに軍勢を叡山に向けて猛攻撃をして、全山の僧房を焼き払い僧徒数百人を皆殺しにした。有名な信長の叡山焼き打ちである。この事は、叡山に限らず、湖北でも一向一揆で焼かれた天台寺院が多く、その後に浄土真宗に改宗した寺院が多数ある。叡山としては伝教大師の開山以来の出来事で、平安時代以来、長く猛威をふるった、いわゆる叡山僧兵の最後でもあった。また信長は進んで浅井、朝倉を攻めたが、形勢を考え本願寺と一時的な講和を結ぶべく、将軍の足利義昭を通じて武田信玄に仲介を頼み実現した。

　本願寺と同盟があった、武田信玄は、元亀2年10月に甲州を出発して遠江に入り、その12月に、三方ケ原で徳川家康と信長の援軍を破り、ついで野田城を陥れた。前記したように、信玄の体調に異変あり翌年4月に、信州駒場で病没した。上洛を遂げたい信長にとっては幸運であり、本願寺にとっては最大の不運であった。後方の憂いが無くなった信長は、天正元年（1573）8月、懸案の越前一乗谷に朝倉義景を攻めて自害に追い込み、次いで浅井長政も小谷城で自害させた。

　さて、顕如の檄にいち早く呼応したのは、伊勢長島の人々であった。信長の心にかかる敵は、長島の一向一揆軍である。信長の生涯で最も軍事的に犠牲を払い苦しんだのは、実はこの一揆軍であったと言っても良いほどである。長島の地は、蓮如上人の六男の蓮淳によって開かれた願証寺（当時はこの地域の一大拠点になっていたが、家康の名古屋開府に伴って大須へ移転し、西本願寺派の別院になった）があり、当時は孫の証意の時代で、その伝統の地盤を中心に堅固な門徒体制を形成

していた。
　また、長島の地形が、伊勢と尾張を境にする木曽川と長良川のデルタ湿地帯であり、三方が川に、一方が海に面するという要害の地であった。しかし当時の伊勢は、南北ともに信長の勢力下に入っていたが、この地のみが頑固な反抗の姿勢を変えていなかった。石山合戦が9月に始まり、11月には早くも長島の一揆軍は本願寺を護るために立ち上がり、まず手始めに桑名の滝川一益を撃退した。次には尾張の小木江城(現海部郡立田村)の信長の弟の信興を攻めて、自害に追いやった。
　この後、信長は、佐久間、柴田、氏家の諸将を率いて、三方から攻撃を始めたが、一揆の勢いが強く、そのゲリラ戦法に悩まされ、ついに敗北した。柴田勝家は負傷、氏家卜全は戦死するという無残な結果になる。翌年の天正元年であるが、信玄が没し、朝倉、浅井の滅亡によって形勢が変わり、前後に伏兵がいなくなった事から信長は、再び出陣したが再々の敗北となり、信長自身も、命から柄に敗走した。信長の戦法は、鉄砲隊を先頭に立てて、大軍を駆使するのを得意としたが、このデルタ地帯ではその方法が使えず、特に水軍の不足が一大敗因のもとであったと言われている。
　信長は、翌天正2年7月、当時わが国最強の水軍であった志摩九鬼氏の軍船、数百そうを雇って長島をとり囲んで攻めた。流石にその威力は強大で、長島を中心とする五カ所の被害は甚大となった。その9月に長島の宗徒たちは、敗北し、退城を信長に通告した。しかし、信長は退城を許さなかった。籠城する宗徒の餓死を待ち、最後の中島、長島の両城のまわりに三重の柵を築き、火を放って二万人あまりの人々をすべて焼き殺した。その残酷、悲惨な状況は、後にも伝えられる信長の〝根切り〟皆殺し戦法が展開されたのである。
　この事を『武功夜話』(45)には「**百姓宗徒の者、諸国牢人、喰いつめ無頼の者に在地の侍衆も相加わり、長島本坊を堅固に取り構えて、周囲に堀をめぐらし、矢蔵(櫓)を構え、鉄砲を備え、楯籠(たてこもる)る男女宗徒二万有余人。海上は紀州舟兵粮(ひょうろう)を運び入れ、島中の取**

出十有余ケ所へ人数詰め入れ、生便敷(おびただしき)様体なり」と書かれている。また、人体を槍で串刺しにして、数珠のように紐を通して繋ぎ、輪にしたとも伝えられている。

　長島の衆徒は、石山本願寺の大きな支えとなって元亀元年から天正2年までの前後5カ年、信長に徹底抗戦をした。血の犠牲は、北陸や近江などの全国の一揆とともに長く歴史に残されるべき事である。

　湖北でも箕浦の合戦の最後は、長浜の湖岸のさいかち浜まで数百人の一向衆が追い込まれて、一人残らず惨殺されて琵琶湖の水辺は血の海になったのである。

3-2　石山合戦の終結と本能寺の変

　教如は本願寺第11世顕如の長男として永禄元年(1558)に生まれた。当時の石山本願寺は、農民層を中心に一向衆と呼ばれる相当の社会的勢力を誇り、有力な戦国武将と同等の力を有していた。前記したように各地の一向一揆と同盟関係の戦国大名の支援により、信長にとって容易な勢力ではなかった。元亀元年(1570)に石山合戦が始まったが、10年間続いた合戦は、正親町天皇の仲裁により天正8年(1580)3月に本願寺顕如と信長の間に和睦が成立し、顕如は鷺森(さぎのもり：現和歌山)に退いた。しかしながら、教如は、信長のこれまでのやり方は、和睦後に敵方を皆殺しにする方策である事を案じて、徹底抗戦を主張して諸国に檄を飛ばした。これを「**大坂抱様**」と呼んでいる。

　教如に帰依していた湖北門徒衆はこれに応じ、共に戦うが、その後、約5か月後の8月2日に近衛前久の仲介により和睦して石山本願寺を退居する。教如は、父の顕如から義絶され、流浪の身となるが、鷺森から近江、美濃、北陸、越前、越後、飛騨、三河などを経て備中の姫路方面方へも旅したようである。それぞれに、遺跡や書状が残っている。湖北にも寄っている。この流浪の途中に毛利氏を頼った備中で本能寺の変が起こる。

　この当時の様子を繰り返しではあるが、柏原祐泉稿「本願寺教団の

東西分立」⁽³⁾で、以下のように述べている。

　石山戦争は、前記したように天正 8 年（1580）3 月の本願寺と信長との和議成立によって終結するが、この時の斡旋者である勅使庭田重保・勧修寺晴豊に対する両者の誓紙、起請文の取交しに際し、本願寺側では閏 3 月 5 日、顕如とともに長男の教如も誓紙を提出した。

　しかし、信長から出した同 3 月 17 日付け近衛前久宛の、和議に対し誠意を誓う旨の朱印状には、「彼方疑心気遣尤に候歟」（本願寺文書）とあつて、本願寺側では、信長の工作を恐れた有様がよく知られる。そこで、4 月 9 日、顕如は紀州雑賀に退出したが、教如はなお大阪本願寺に留まり、諸国の末寺・門徒に大阪「抱様」について檄をとばして再挙を告げた。これに対し、顕如も門末に退城のやむなき事を説いて、教如に従わないようにと申し送った、と述べている。

　すなわち、教如は、「この度当寺信長一和之儀、被応叡慮、既御法主至紀州御退出候。就其蓮如上人已来数代之本寺此度可破滅段あさましく歎入候付、予一身是非共相抱思立候事候、」「蓮如上人以已来数代開山之御座所、此度法敵ニ渡置馬之蹄にけかすへき段に余歎入存候之間、……此上者聖人之御座所にて相果候とも満足と存置斗候、」と、強い籠城の意志を示し、これに対し顕如も、「忽開山尊像をハしめ悉相果候ハバ、可為法流断絶事歎入計候、就其加思案、叡慮へ御請申候、如此相済候以後、新法主（教如）不慮之企、伴いたつら者のいひなしニ同心せられ、剰愁之訴訟、中々過法候、」と、強く止めるように制している。このため、顕如はこの頃に、強行する教如を義絶したと思われる。

　状況が変わり、6 月には大阪本願寺周辺の荒木元清が守る花熊・尼崎や辻・安田の砦も落城したため、教如は信長から和議の起請文を得て、8 月 2 日、「去二日大坂令退出至雑賀在陣候、無念之雖（イドモ）始末候、端城等就令破脚不及了簡如此候」との意向で、雑賀へ退去した。その後、教如は、雑賀を出て諸国を廻る流浪の身となり、地方を巡って教団の復興と組織化を図る動きを取ったのである。

　この流浪の時には、湖北の上板並、甲賀、甲津原にも立ち寄ってお

り、顕教踊りで慰めたとの言い伝えがある。天正8年(1580)8月2日から天正10年(1582)6月2日にかけての放浪の旅であった。その後、教如は、美濃から北陸方面を経て備中へ行ったようであるが、途中で本能寺の変を知って引き返し鷲森へ戻ったとされる。また、教如の籠城については古来、辻善之助説『日本仏教史、近世編』[7]のように父子密計説があるが、その詳細はさらに資料を探して検討する必要がある。

ところで、軍事的・政治的決戦であった、石山合戦の終結と同時に全国各地の一向一揆はその勢いが沈静化していった。また、本願寺勢力が顕如方に付いた寺院・門徒と教如方に付いた寺院・門徒が東西の本願寺に分派する遠因ともなった。そして、多くの人が犠牲になった湖北の一向一揆も石山合戦の終結とともに、各地に帰還して、地域内の講組織を強化する方向に向いていった。

図14　　甲津原行徳寺の**顕教おどり**　県無形文化財

ここで何故、一向一揆が起こったのかを考えておかねばならない。平安時代から続いた荘園制度が地方武士の台頭によって混乱し、治安の悪化とともに地元農民は年貢を多方面から搾取されることになった。酷いときには、青田刈りをされて飢饉的情況にもなる所もあった。このような中で、真宗の教えに目覚めた門徒衆が郷の**自治自立**によって郷土を守り、本願寺の教法を護る勢力になった行動が、一向一揆という形で蜂起した。その集団は、寺院が中心になる事もあったが、村人の郷士が中心になった集団も多々あった。先にも述べたが、諸大名の合戦は、他国を侵略して領土を拡大することであり、これに対して、一向一揆の戦いは、郷土を守り仏法領を護る勢力であり、明確に目的が違う事を知っておかねばならない。

　はからずも信長が本願寺を攻撃する事によって、その自治自立の運動は、全国の寺院・門徒と連動する一揆になった。そして、信長が本願寺を攻撃していなければ、地方的・部分的な諸大名との合戦であり、部分的な一揆であった事は否定できない。湖北の元亀争乱は、浅井氏や朝倉氏といった武将だけではなく、郷村の有力者や寺院に集結した門徒衆と一緒になった戦いであった。その後、本願寺が和睦の方向に向かうと郷村の有力者の土豪や郷士の中には、後に寺院住職になった者や、武士として士官した者もいた。

　そして歴史的に見た一向一揆は、荘園制度から後の武家政権の領地**支配**に変化していく事を促す動きであったと言える。いわゆる、この一揆によって公家・豪族や寺社による荘園制度から幕藩制度による領地支配に変化していったのである。先にも述べた耕作地の重層的な請負構造と中間搾取の形態が、太閤検地によって改革されて、これ以後は、領民は諸大名によって耕作地を安堵され、年貢を多方面から搾取されることが無くなった。つまり、耕作者は名請人（なうけにん）と呼ばれ、その田の所有者であり、年貢の負担者として領主に納める事により収納を円滑にした。このように新たな領地支配が始まる中で、本願寺の信仰基盤を時代に対応した組織にしていこうとしたのが教如であった。

3-3　本願寺への巧作と顕如・教如の和解

　さて、本能寺の変後であるが、秀吉は備中から「中国の大返し」で京都へ戻る。その帰路の最中に最も気がかりだったのは本願寺の勢力で、石山本願寺を退去していた顕如と教如の動向だった。もし彼らが明智光秀側について再起すれば、一大事に一層拍車をかけることになる。顕如は対信長と和睦状態で、鷺森（和歌山）に退居していたが、光秀が裏巧作をして本願寺勢力と結ばれていたら、後の戦いに種々の面で不都合が生じる可能性があると考えた。秀吉は、本願寺の勢力が光秀に加担しないように手を打つことを思案した。

　秀吉はいち早く木下半助吉隆に流浪中の教如をあちこち捜索させたら、姫路に居ることが判明した。姫路で布教に当たっていた教如のもとへ木下半助を送り、直ちに呼び寄せた。同道して鷺森の顕如のもとへ行くように要請したのである。

　この事を、『名古屋別院史』[43]によれば、下記の様なことを伝えている、として当時の秀吉と教如の関係を紹介している。

　「此度（このたび）新門跡於姫路之地、勧化なし給ふを見奉り、勘気御詫申さんと家来木下半介差添へ、不肖憚（はばかり）ながら取計ひ、書状一通差添え候。新門跡御勘気の事、此の筑前（秀吉）の一身にかへ御詫び申べきの間、免許なし給ふべく候。

　就而者本願寺宗門繁昌せしむるの趣、委細木下半介申べく候。穴賢（あなかしこ）　ひでよし（朱印）」

　秀吉は、探し出した教如に木下半助を伴って、二人で顕如のところへ行き、秀吉が天下人になった暁には、京都に本願寺の寺地を用意するので、光秀に加担しないように約束させ、味方に付くように伝えた。教如は了解して鷺森へ帰り、父の顕如とともに納得する返事を送った。実は、光秀側も顕如のもとへ近づいて誘いに来ていたが、寺地までの約束はなかったようである。迷う顕如に半助は先の書状の如く「信長公は宗門の法敵とはいえ、光秀の逆罪は天誅をまぬがれぬ」「光秀を退治した後には秀吉公が大檀那となり、京都に本堂をお建てする」と熱

弁を振るい、本願寺の動きを封ずることに成功した。

　この事が事実か否かは、さらに資料を集めて検討する必要があるが、本能寺の変が切っ掛けとなって、図らずも義絶状態にあった顕如・教如の親子の対面ができた。後陽成天皇への叡慮をたのんで顕如・教如は和解したとの説もある。信長の死後わずか20日あまりで、天正10年(1582)6月27日に、父の顕如と教如は和解している。秀吉はここでも宗門をうまく懐柔し、天下の平定に寄与させている。

　その間に秀吉は、山崎の戦い(同年(1582)6月13日)で光秀を破り、同11年には賤ケ岳の合戦で柴田勝家を討った。その翌年に起きた小牧の戦いでは**織田信雄**(のぶかつ、信長の子)や家康をも屈服させた。

　秀吉は賤ケ岳の戦いを経て、天正14年(1586)には関白になり、天下人となる。本願寺は、その後、寺基を11年7月に鷺森の雑賀から和泉国(大阪府)の貝塚へ、更に秀吉から13年5月に大阪の天満の地を与えられ8月に移転する。そして天正18年(1590)に京都堀川七条への移転が秀吉から命ぜられた。同19年8月には京都の堀河七条へと移すのである。このように秀吉から寺地の寄進をうけたが、京都へ還るのは、蓮如が寛正6年(1465)、比叡山の僧徒に東山大谷を破却されて以来、実に127年ぶりであった。本願寺はようやく安泰期を迎えることができたのである。そして、京都の堀河に本願寺が移り、両堂も整備されてわずか5カ月、天正20年(1592)11月に顕如は50歳で急逝した。そこで教如は、同年12月、35歳で本願寺第12世の職を継いだ。

　本願寺に対する秀吉の姿勢は、信長のように力づくで攻めた策とは大違いで、懐柔策で覆ったのである。これは両者の性格の相違でもあったが、秀吉は子供のころから母の影響で、本願寺に親しみを感じていた事もあったと思われる。農民の出である同家は他の由緒ある武将などとは異なり、本願寺を信仰の対象としてきたものと思われるからである。

　秀吉の母は、大政所(天瑞院、なか)である。名古屋市中村区中村中町に西光寺という真宗大谷派の寺院がある。秀吉は一般に言われてき

た中村公園のある上中村ではなく、中中村（現在の中村中町）に生まれた。前川和彦著『豊臣家存続の謎』(32)によれば、近くの西光寺を「太閤秀吉の母堂檀那寺」と明記しており、生家がその信徒だったことを物語っている。

　天正20年（1592）11月24日に本願寺11世の顕如が示寂した。秀吉は、朝鮮出兵で肥前（佐賀県）の名護屋城に居たが、現地からお悔やみの手紙とともに、教如に第12代住職を継承するように命じた。直ちに12月12日付で、「門跡が命終され言葉がない。其の方（教如）が総領の儀を相続し法度を守り、勤行を懈怠なくつとめなさい。そして、あなたが本坊に移り、其の方屋形へ母（如春尼）と弟らを移し、親孝行をしなさい」という内容の朱印を送っている。

　教如は了承して本願寺12世を継職する。しかしながら、わずか一年で隠居させられた。母の如春尼が「留守職譲状」（本願寺の住職を留守職と呼ぶ）があったとして弟の准如に継職させるように秀吉に願い出でたのである。この時秀吉は、有馬温泉へ湯治に出かけていたが、其処へ如春尼が出かけたとする著書も散見する。

　秀吉は、譲状が偽物であることを見据えていたが、五奉行の1人である石田三成の意見を受け入れて教如に住職隠退の命を出した。教如はそれを受け入れてやむなく北殿に隠居した。近年の研究では譲状が偽物で、石田三成の画策であった事が知られている。当時の秀吉の政権には、三成グループと利休グループの二派があり、前者が優勢であったようである。言わば教如と三成は敵対関係にあり、教如は隠居を受け入れて、無視せざるを得なかったのであろう。

　隠居した教如は、堀川の寺内に同等の庫裏を建て、本願寺からの授与物を発行し、住職と同様の働きをしている。この頃、教如は再び流浪の身となり、湖北や北陸にも旅するが、越中には復職を申し出て謀反を起こした寺院もあり、秀吉は加賀の前田家に成敗させている。

　このような情勢の中で教如は、三成とは不仲であり巧みに茶道を通じて千利休等の紹介で家康らにも近付きになっていた。そして、教如

は秀吉や金森長近など、別の会席では家康などと、度々出会って親交を重ねていた事が「**利休百会記**」⁽³⁵⁾に書かれている。また、教如と家康を仲介した人物は、利休や金森長近らであるが、大津の豪商、扇屋道順、奈良屋道覚らも茶会などで交流していた事が明らかである。

図15　　高台寺　時雨亭茶室　国重文

　また、柏原祐泉は前記の論文で、「宇野新蔵覚書」⁽¹²⁾に「**教如様御隠居被成、木仏・御開山様・代々の御影様、万申物御免被成候衆、按察・治部卿・右近・左近・嘉兵衛・河内、此衆迄にて候**」と書いており、教如の隠居中に、教如から末寺への各種裏書下付物を按察などの家臣に取次がせたことを述べ、更にまた、「太子・七高祖之御礼銀」のことに触れている。これも隠居中のことと考えられ、この頃の裏書下付物にすでに御礼銀(冥加金)の基準が一定していたことをしるし、坊官(本願寺の執事職)が取り次いだと述べている。

　この「宇野新蔵覚書」⁽¹²⁾は、文禄2年(1596)閏9月、教如が隠居して七条堀川の本願寺域内の一角に居を占めて以後に関するものである事は間違いない。この概要は、教如所属の絵所の絵師・表具師なども十分に整っており、町衆も周辺に住んでいたことが推察できる。そし

て、准加が継職した本願寺の御影堂や本堂とは別に、教如自身で別に御堂を建立していたことを物語るのであるが、その規模までは不明である。それは本願寺の寺域内にあつたもので、亭・台所門もあり、御堂には、宗祖の木像に代って絵像がかけられていた。

図16　教如下付の阿弥陀如来絵像　一貫代　米原市観行寺　蔵

　湖北では、慶長元年(1596)1月14日に旧長浜城域内の御堂で十四日講が始まっていた。また、慶長5年(1600)6月に教如は隠居の身ながら、大津御坊を造営し、遷仏法要をおこなっている。大津を代表する豪商、扇屋道順、奈良屋道覚、納屋法善らの懇志によるものであることが『新修大津市史・第三巻』[34]に書かれている。これらの豪商や教如・家康との親密な交流も図られていた事は間違いない。

3-4　秀吉による本願寺移転と教如の動き

　慶長3年(1598)1月に母の如春尼が没し、同年8月に秀吉が没した。慶長4年(1599)に教如は伏見城へ徳川家康を訪ねている。この頃には、利休が亡くなり、石田三成方と徳川家康方の二派が対立状態にあった。
　関ケ原の合戦が間近になった頃、同年7月3日に教如は、京都を出発して三成の妨害をかいくぐって、関東で上杉軍と戦っている徳川家康を見舞っている。この間、准如は7月7出京、10日に近江佐和山の石田三成を見舞い帰京している。教如は関東の家康の陣中見舞いに下向し、接見してこの関東からの帰途、美濃・近江の間を西軍の旧豊臣方に阻まれ、森部村(安八町)の光顕寺まで来て御堂内の須弥壇の中へ隠れた。最早これまでと須弥壇の板に時世の句を掘った。
　　「散らさじと　森邊の里に　埋めはや　かけはむかしの　ままの江の月」
　難が過ぎると、光顕寺から大垣の草道島の西円寺に避難した。住職の賢秀は教如と顔が双似であった事から、翌日の夕方4時に教如の僧衣を着て籠に乗って地門徒の土手(どろて)組27人程に守られながら寺を出て中山道を関ケ原に向かった。薄暗くなり関ケ原に近づいた頃、一行は西軍の弓や刀で皆殺しになった。(同寺では以後に出発の時刻の「4時太鼓」を後世まで鳴らしたと伝える)一方、教如は同じ時刻に蓑笠の常人姿になり数人の御供と共に揖斐川沿いに北上して、春日村から伊吹山の北尾根の国見峠近くにある、鉈ケ岩屋に隠れ潜んだ。
　2日ほど鉈ガ岩屋で過ごしたら、関ケ原の合戦が終わった知らせを聞き、そこから東草野(米原市)に下って、七曲峠を越えて浅井町(現長浜市)に出て、びわ湖岸の早崎から漁船に乗り大津へと向かった。教如は、この辺の地理には詳しかった。それは先の隠居の間もない頃から、諸方の門末を巡化していたが、湖北では前記した東草野の上板並(米原市)の辺に来て暫く過ごしたことが明白であり、姉川を北上して甲賀、甲津原などを通って、新穂峠を越えた。そして揖斐川町(岐阜県)の坂本や広瀬を経て、北陸に向かった事があるからであった。
　なお、大垣では春日谷へ逃避する教如を囲ったり、守ったりした光

顕寺、西円寺、専勝寺(了栄は京都まで護衛をした。後に「御旅姿御寿像」を教如から下付されている)等 15 カ村の 20 カ寺が土手組とともに、「十日講」報徳会を巡回で、また、春日谷では 8 カ寺が五日講を勤めている。

図 17　　教如が潜んだ国見峠の鉈ケ岩屋　写真

　湖北教団は教如から直接の教化を受けていたので、このように関ケ原合戦の時や、その前の姉川の合戦にも來郷の教如を護持したという伝えがある。講の結成とともに真相の話として伝えられており充分納得できることである。

　この合戦を機会に教如と家康の交誼は更に密接となり、且つまた湖北教団の重要なことが、石山合戦への貢献以来、教如に充分認められていたと言えるであろう。この頃もそうであるが、全国の門徒衆の幾つかの講中から懇志が送られ、教如を支えた。前にも記したが、その感謝の書状が各地に教如の名で多数伝わっており、本願寺の下付物(本尊や絵像、御文、和讃など)も多数授与されている。

　この様に関ケ原合戦後、教如を中心とする教団の結合は、各地で公然と認められ、家康も承知していたようである。教如方への地方門末

の帰依も更に増し且つ深まり、これに応えて更に教導者としての責を尽くす事となった。その一端が、関ケ原の合戦後の翌年から以前にも増して、門末に対して盛に寿像を下付していることである。真宗で言う**寿像**とは、在世中に自分の絵像に裏書をして門末に下付するもので、真宗ではとくに本願寺住職の現身として仰ぎ、且つ直接に法義相続の面授を得るに代わるものとして、重要視されるものである。

　　　前記の柏原祐泉稿「本願寺教団の東西分立」[(3)]では、「この頃の教如の寿像は、全国に30幅程が現存しており、湖北にも9幅がある。その内、慶長6年(1601)4月15日付けで「江州浅井郡坂田郡惣道場」宛に下付されたものがある。これは湖北で最初の寿像というばかりでなく恐らく全国でも最初のものと思われる。この一事を取り上げても、教如が早くから湖北教団に大きな期待を寄せていた事が伺える。」としている。

慶長5年9月15日に関ケ原の合戦で徳川家康が勝利すると、その5日後に家康が上京する途中にいち早く、教如はこの新築の大津御坊へ家康を迎え招いている。その3日前には、秀忠を迎えている。慶長6年（1601）には家康が教如を訪ね、ついで教如が伏見城に家康を訪ねているなど相互に訪問し合う親密な関係を築いていた。

秀吉の死後、家康は教如に本願寺住職への復帰を勧めたが、教如は「教祖親鸞の正嫡であり法主である。貴族化、世俗化した本願寺との争いを避け、親鸞祖像とそのご座所の正統な護持者でありたい」という意識が強く、これを固辞した。本多佐渡守（本多正信）が「本願寺は既に2つに分かれている」と家康に献言したことで、「教如教団」を追認したものである。そこで家康は、本多正信や、天台宗の僧・天海の意見を受け入れ、後陽成天皇の裁可を得た。教団の分立については、幹部や幕府側の見解についての研究は多々あるが、教団と地方下部層との関係を研究した著作は皆無に等しい。

本願寺の分立が成立するのは、慶長7年（1602）における徳川家康から教如への寺地寄進、あるいは、元和5年（1619）における幕府の

寺地についての公式寄進状によるとされるが、分立問題の萌芽は、すでに石山戦争終結時における本願寺内部の確執にその要因があった。家康が烏丸七条の地を教如に寄進した事は、古来、本多正信の献策による本願寺勢力の二分策とする説があり、辻善之助の『日本仏教史近世編』[7]ではこれを支持するが、先にも述べた、顕如派、教如派という内部家臣からの分裂であったことが濃厚である。このために、教如は自らの末寺・門徒を作るために、石山本願寺退居以後、全国を行脚する旅に出る必要があった。そして、「抱様」の時期でも明らかなように、末寺・門徒も本願寺消滅を危惧し、石山本願寺へ加勢に命がけで出向き、或いは各地で一向一揆を展開したのである。

図18　江州上浅井十四日講へ下付の教如絵像

本願寺の分立を本多正信は、本願寺は秀吉の時代に既に二本になられている。左様の通りになられてしかるべきである、と家康に申し上げたと「宇野新蔵覚書」(12)に記している。さらにその話の裏には、本多正信の母は家康の叔母にあたり、熱心な真宗門徒であり、教如とも昵懇であったようである。正信は母からその願いを聞いて、家康に申し上げたようである。そうであるとすれば教如は、正信の母にその旨を伝えていたのかも知れない。

　実は、本多正信は、三河上宮寺の徳篤な真宗門徒であり、三河の一向一揆には家康の下を離れ、敵対して戦った中であるが、後に家康が乞うて迎え入れた人である。つまり、正信は一揆後その罪で家康から破門されたが、暫くして呼び戻され、再び忠臣な家来として働くことになった。家康に様々なアドバイスをして智慧を付けているが、驚くのは、石田三成の子どもを捉えた時である。家康に三成は憎い敵だと思うかも知れないが、関ヶ原で戦ったからこそ全国を平定できたのだ。そうでなければ、未だに全国を統一できていないかも知れない、と考えれば三成は恩人である。恩人の子どもの命をどうする、と言われた家康は、「うむー」と考え込んで、処刑はしなかったと言う話がある。

　慶長6年に教如は報恩講や、慶長7年(1602)1月の如春・覚如の法事なども勤めている。そして、慶長7年には、「**大御所様（家康）御代に当寺内御拝領被成、西より御堂万御引被成候**」とあり、家康の寄進によって教如が烏丸七条の地を得て西の堀河七条域から移る。つまり教如は同7年（1602）に家康から京都東六条・七条の地に4町四方の寺地を寄進され、同8年(1603)、6月に家康から伏見城の遺構が寄進され、東本願寺の仮御堂の建立に着手する。その時に前記の堀川の御堂などの建物も移したことをしるしている。

　そしてこれらの建物を烏丸七条に移し還るのは、翌8年6月初旬頃で、同年末には伏見城の遺構も譲り受け新本堂建立までの仮御堂となる。翌9年（1604）には御影堂が完成して、遷座法要が営まれた。ここに本願寺は教如を住職とする東本願寺と、准如を住職とする西本願

寺に分立した。

　東本願寺創建時の御真影（親鸞の木像）は、上野国厩橋（こうずけのくにうまやばし）の妙安寺（現在の群馬県前橋市）に伝来する御真影である。この御真影は親鸞自作の木像で関東より帰洛される際、同寺開基の成然（じょうねん）に形見として与えたものとして伝えられている。厩橋城主であった酒井重忠を通じて、本多正信の斡旋により将軍徳川家康に申し願われて召し上げられ、そのお礼として、三つ葉葵の紋を提灯に使用することを許した。その後、将軍家康から教如の側近・粟津勝兵衛が拝受しに妙安寺へ下り、御真影が京都に着いたのは慶長8年（1603）正月3日であった。教如は七条堀川にかかる御堂の橋に出迎えたという。ただし、奉納された時期については他説もある。

　教如は、慶長19年（1614）10月5日に享年57で往生した。教如には4人の内室がいた。4番目の内室が妙玄院でその子宣如（せんにょ：1602〜1658年）は11歳で本願寺（大谷派）第13世住職を継職した。

　第十三代宣如上人が元和2年（1616）に継職の許可を受けに幕府へ東上した帰りに、鎌倉常葉谷（ときわがやつ）で「常葉の御影」と呼ばれる真影が寿林尼（後の章で詳細を書く）を通じて見つかり、これも幕府の斡旋で本山へ上納され、宝蔵に秘蔵されて現在に至っている。この御影像は墳墓を大谷廟堂（寺院化）にして最初に安置したものとして伝わった。その後、留守職の後継を巡って争いが生じ、親鸞の曽孫である覚如（覚信尼の子である覚恵の長男）の継職が決まると、敗れた唯善（覚恵の異父弟）は延慶2年（1309年）に御影像を携えて関東に移った。なおこの件については、藤島達郎著『本廟物語』[5]にもこの2つの木像御影があると書かれている。

4章　秀吉の最後と長浜衆の動向・二勢力の葛藤
4-1　長浜時代からの人々・賤ケ岳の七本槍と五大老・五奉行

　秀吉が長浜に赴任した時代に、多くの家臣を新たに召し抱えた。そして、彼らを養い、育てて、その支援によって天下人になっていった。その人々の中には、秀吉の亡きあと豊臣家を存続させようとして、結果的に家康を支援するような動になっていた人々もいた。その代表格が秀吉の妻のねね（一般的には「おね」「祢（ね）」「寧（ねい）」「寧」「寧子」「子為（ねい）」などと記されている表記があるが、「ねね」説が有力）であったと思われる。ねねは、天文18年（1549）足軽杉原助左衛門の娘として尾張国朝日村（現在の愛知県清州市）に生まれる。兄に木下家定がいる。後に、正室ねねは、北政所とも呼ばれ、天正16年（1588）に、女性としては破格で最高位の従一位を授かっている。

　永禄4年（1561）8月、ねねは14歳で、織田信長の部下で足軽であった木下藤吉郎（豊臣秀吉）（26歳）に嫁ぐ。秀吉は同郷で尾張国中中村の生まれである。秀吉の先祖は、國吉—吉高—昌吉—秀吉と続き、国吉を近江国東浅井郡鍛冶屋（現長浜市鍛冶屋）の出身で、還俗僧とし、尾張愛知郡中村に移住したとする説もある。結婚の際、ねねの実母（朝日）に秀吉が百姓の出身であることから身分の差で反対される。それで秀吉が浅野家（朝日の妹七曲が長勝の妻であり、そこへねねは養女で来ていた）に婿入りの形で縁組すると家定に諭したため無事に嫁いだ。当時としては稀な恋愛結婚であった。結婚式は茅葺の長屋の一室で、土間に簀掻藁（すがきわら）を敷き、その上に薄縁を敷いて行われた質素な形だったと伝えている。

　永禄11年（1568）頃から美濃国岐阜にしばらく在住するが、天正2年（1574）には秀吉の生母なかと共に長浜へ移り住む。秀吉が長浜城主時代に初めての男児で側室に秀勝が生まれた。長浜に今も伝わる曳山祭は、天正2年（1574：異説あり）に秀吉に男児が誕生したのを祝って始められたとの伝承がある。誕生後に間もなく亡くなり、長浜市内の妙法寺に葬った。秀吉は後になって、妻のねねとの間には子供がな

かったので、養子とした信長の四男や三好吉房の次男にも同じ秀勝の名を付けた。秀吉は長浜移封後、遠征で長浜を空けることが多く、秀長或いは、ねねが夫に代わり、城主代行のような立場でもあった。

　また、秀吉の大奥には、十指に余る側室がいたと言われている。ねねが秀吉の女性好きを嫉妬して、主君の信長に訴えたら、私がちゃんと見張っているから安心しなさい。もっと、大きな心で生きなさいと説得された手紙がある。ねねは、秀吉がまだ微賤な木下藤吉郎時代からの所謂糟糠(そうこう)の妻であった。秀吉の立身出世の陰には、37年間寄り添った内助の功実に大なるものがあり、秀吉もまた敬愛の情切なるものがあったに違いない。戦国時代まで、主婦権を持つ正妻が武家の家政をとった例の如く、ねねも羽柴家の家政をとり仕切っていた。

　しかしながら飾り気のない気さくなねねは、長浜時代に若い年頃の尾張の浅野長政や加藤清正や福島正則などの三羽鳥をはじめ、福島正則と無二の親友の黒田長政も、また、秀吉や自身の親類縁者を養子や家臣として呼び寄せて養育した。兄の家定の子として長浜で生まれた、後の小早川秀秋もそうであるし、大坂時代に人質で来ていた徳川秀忠も幼少から育てており、この人達をはじめ多くの家臣には最後まで慕われていた。長浜で採用された若侍集が後々、豊臣政権は勿論であるが、徳川政権にまで大きな影響を与えた事はたしかである。

　前記したが清正や正則は、秀吉が長浜城主になって木下藤吉郎から羽柴秀吉に改名する頃からの家臣で、所謂、子飼の武将として北政所とは母子の様な関係である。一方、石田三成は浅井の領内石田村の出身で湖北生まれの淀殿と組みし、大奥の二大勢力が図らずも、政権の**武勲派**と**文治派**の両派と結びつくと厄介になる。ここに大奥と武将達の間に二派の結びつきが出来て、収拾し難いものになった事もうかがえる。何故、そのような二派に分かれることになったのか、その萌芽は何であったのかを知っておかねばならない。少し先走った話になるが、豊臣政権での大奥内で勢力があったのは正室の北政所ねねは勿論であるが、淀殿(君)も双璧であった。淀殿が側室になったのは、信長

の死後のことであるが、由緒も正しく美人であったことから羨望の的でもあったのであろう。淀殿は、その出身が名門浅井長政の娘であり、母は織田信長の妹で絶世の美人お市の方である。しかも若い彼女は、世次の秀頼を生むに至って、秀吉の愛情を一身に集め、秀吉の行く所、常に淀殿ありといわれる程で、北政所との対立葛藤が次第に激しくなったのかも知れない。

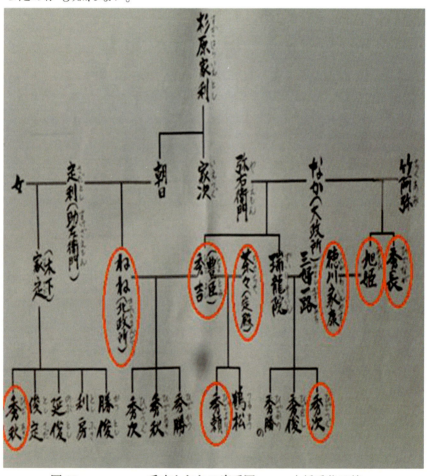

図19　　　　秀吉とねねの家系図　　　大橋香代子筆

4章　秀吉の最後と長浜衆の動向・二勢力の葛藤

　古来から大奥の勢力は軽んじ難く、藩を左右するお家騒動になった例もある。関ケ原の敗北から大坂の役まで豊臣家を滅亡に追い込んだ要因は、大奥に於ける二大勢力の葛藤が原因であるとの説も、あながちに根拠が無いとは言い切れないのである。

　さて、秀吉は長浜時代に採用した家臣を後々まで重用した。その諸将達の活躍とその後を述べよう。先ずは、秀吉の弟の**羽柴秀長**から述べよう。秀長は、天文9年(1540)に秀吉と同じ尾張の中村生まれで異父兄弟説もある。

　秀吉が信長に仕えて3～4年後に同様に仕え、天正3年(1575)頃には羽柴小一郎と名乗って、戦場でも行動を共にする。秀吉が長浜城主となった頃は城代も務めたが、3年後の天正4年(1576)には、秀長の右腕となる藤堂高虎が仕官した。この主従関係は戦場でも文治でも掛け替えのない人となり、秀長の婿養子である秀保(姉の子)が早世するまで続いた。秀長は、秀吉が功績を立てた墨俣城の築城や、稲葉山城の攻略、中国攻略、四国征圧、九州征圧などの合戦にはほとんど参加して軍事面でも活躍を見せ、天下統一に貢献した。秀吉の最後の事業、小田原の北条征圧の時だけは、秀長が病床にあり参戦できなかった。

　また、秀吉は温厚な性格の秀長を内外の政務に於いても隣に配して重用し、秀長も秀吉に異を唱え制御できる人物として、欠点を補った。短期間で成長を遂げた秀吉の豊臣政権は、徳川家康や伊達政宗など外様大名を抱えたが、その調整役となって政権の安定には欠かせない貴重な人物だった。最終的には大和・和泉・紀伊の3カ国と河内国の一部を加え、約110余万石の大名となる。また官位も従二位大納言に栄進し、**大和大納言**とも称された。天正19年(1591)に郡山城内で52歳にて病死し、秀吉よりも早く没している。

　その他、秀吉が長浜時代に採用した家臣達がどのような行く末を辿ったのかを知るのに、典型的な、賤ケ岳の七本槍(しずがたけ の しちほんやり)と呼ばれる人々を先ず挙げて、簡単にその後を見てみよう。

　脇坂安治(1554-1626年)は、湖北の浅井町脇坂野で生まれ、浅井氏滅

亡後、信長軍の明智光秀に仕え後に秀吉を頼って家臣となり淡路洲本藩主となる。関ケ原の合戦では、家康に付くと伝えながら三成に足止めされたが、偶然に安治・安元父子が上方にいた故に西軍に付かざるを得なかったのではと言う理由でお咎めなく、伊予大洲藩5万3,500石に加増移封される。これは、藤堂高虎が事前に近江時代の人脈を大切にし、安治や小川裕忠や朽木元網、赤座直保らに対して、東軍への内応工作を行っており、関ケ原の合戦後も家康に仲介したことが功を奏している。元和元年(1615)に次男・安元に家督を譲って隠居した。その後、京都西洞院に住み、剃髪して臨松院と号したが、寛永3年(1626)8月に京都にて73歳で死去した。

片桐且元(1556-1615年)は、湖北の浅井町須賀谷の出身で浅井氏滅亡後、天正2年頃に秀吉の家臣となる。関ケ原の合戦では、西軍に付き後も秀頼を支えたが、東西の仲裁役に馳走した功で、大和国竜田城2万8千石を与えられた。依然として秀頼を支え検地奉行や大坂総奉行、寺社奉行を勤めるが、方広寺鐘銘事件以後、徳川方になる。大坂夏の陣後の5月28日に京屋敷にて60歳で死亡した。跡は嫡男の孝利が跡を継いだが、竜田藩1万石はその甥で4代片桐為次が早世したため、明暦元年(1655年)に無嗣断絶となった。

平野長泰(1559-1628年)は、尾張国中島郡平野出身で、天正7年の長浜時代の頃から秀吉に仕えた。秀吉の死後は家康に仕え会津征伐に従軍し関ケ原合戦後も秀忠、家光に旗本として仕えた。5千石の知行を得て寛永5年(1628)に70歳で死去。子孫は、田原本藩主になった。

福島正則(1561-1624年)は、尾張の海東郡出身で、秀吉の母の妹の子どもで、子飼いとして育ち、賤ケ岳の戦いでは5000石を与えられる。秀吉の死後は家康に仕えた。特に三成を襲撃した事件以後から家康の昵懇大名の一人となる。関ケ原の戦いでは東軍に属し後、安芸国藩主後、信濃高井野藩主となる。嫡男の忠勝が早世したため、正則は2万5,000石を幕府に返上し2万石としたが、後継者がなく無嗣断絶となった。その後、忠勝の孫・正勝が家を再興し、代々御書院番を務めた。

4章　秀吉の最後と長浜衆の動向・二勢力の葛藤

加藤清正(1562-1611年)は、尾張国愛知郡中村の出身で、秀吉と同郷で母方の従弟になり、長浜時代から子飼いの家臣として尽くした。秀吉に従って各地を転戦して武功を挙げ、肥後北半国の大名となる。文禄の役の際の朝鮮京城攻めでは、出世を競う小西行長と一番乗りを争った。秀吉没後は家康に近づき、関ケ原の戦いでは東軍に属して活躍し、肥後国一国と豊後国の一部を与えられて熊本藩主になった。

　慶長16年(1611)5月、熊本への帰国途中の船内で発病し、6月24日、死去した。嗣子・忠弘が跡を継いだが、寛永9年(1632)6月1日に改易された。後に1万石を与えられて出羽庄内藩にお預けとなった。加藤家の家系は、この庄内藩領(山形県酒田市大字新堀)で続いている。

糟屋武則(1562-1607年)は、播磨国出身で天正5年(1577)の播磨攻めの後、秀吉の家臣になる。関ケ原の戦いでは西軍に属して戦うが敗戦で、家禄を没収されて改易された。

加藤嘉明(1563-1631年)は、三河国幡豆郡出身で、父教明は三河の一向一揆勢に加担して家康に追われ、放浪して長浜時代に秀吉に採用された人である。その子嘉明は、馬の行商を手伝っていたが秀吉に見込まれて家臣になった。秀吉亡き後、豊臣政権では嘉明を含む武勲派と五奉行の石田三成らの文治派が対立した。慶長4年(1599)、両派の調停役だった前田利家が死去し、加藤清正、福島正則、黒田長政、細川忠興、浅野幸長、池田輝政、加藤嘉明ら7将は、三成殺害を企てた事件を起こして、三成を佐和山城へ追いやって蟄居にした。

　武勲派は筆頭大老・徳川家康に従っていたので、慶長5年(1600)、家康が会津の上杉景勝の謀反を主張して討伐を命じると、嘉明もこれに先鋒衆として従軍した。この間に三成らが挙兵。引き返してきた東軍(徳川方)は、まず美濃の国の岐阜に到し、岐阜城の戦いで、嘉明は大手七曲口より攻め、福島正則らと共にこれを落とした。続いて嘉明は大垣城の戦いにも参加している。そして関ケ原の戦い本戦でも、石田三成の本隊と戦って武功を挙げた。

　このように、七将のいずれの人も秀吉の子飼、あるいは同様に雇わ

71

れ、側近として活躍した人で石田三成らと共に長浜時代に採用された人である。

　また、豊臣政権の末期であるが五大老、五奉行に任用した人々を上げてみよう。ちなみに五大老とは有力大名を従わせて就けた役職で、五奉行は実質的な政治を担当した者であった。五大老(御大老とも呼ばれ呼称が定かでは無い)は、徳川家康(255万石余)、前田利家(83万石)、(後に利長61万石)、毛利輝元(120万5千石)、宇喜田秀家(57万石)、小早川隆景(37万石)（後に上杉景勝120万石)であった。

　五奉行(御奉行とも呼ばれ呼称が定かでは無い)は、浅野長政、石田三成、増田長盛、長束正家、前田玄以らで、人数も一定しておらず後には大谷吉継、小西行長らも加わったようである。秀吉の晩年に制度化したもので、後継の秀頼を支えるために、反豊臣勢力にも配慮して任用している事が伺いとれる。後には中老も置いて、諸役の仲裁をした。

　秀吉と徳川家康の関係は、周知で書くに及ばない。

前田利家は、天文7年12月（1538）生まれの説が有力だが、秀吉と同年の(1537年)とする説もある。尾張海東郡荒子村に父の土豪の四男に生まれ、信長に仕えて赤母衣衆(あかほろしゅう)と呼ばれ、槍の達人であった。妻まつは、母方の従妹にあたるが賢母のようであった。利家は、信長が寵愛した捨阿弥を惨殺して出奔し、出仕停止処分に減罰され、浪人暮らしをする。桶狭間の戦いも無断で参加して首3つの功をあげるが、許されなかった。父の利春が亡くなると家督の相続を命ぜられ、信長のもとへ帰参する。秀吉とねねの結婚を勧めたのも利家であったとも言われる。柴田勝家の与力になって信長に七尾城主を命ぜられたが、信長の死後清須会議では勝家と旧知で秀吉の板挟みになる。

　勝家滅後は秀吉方に付き、加賀国を与えられる。五大老の1人として豊臣政権を支え公平な裁きをする事から諸将の信用を得るが、秀吉が亡くなると暫くして利家も亡くなる。ねねは、利家の妻まつとも親交が深く後々まで支え合った。関ケ原の戦いには参戦できなかったが、利長が家督を継承すると家康も前田家が旧知であったとして優遇する。

4章　秀吉の最後と長浜衆の動向・二勢力の葛藤

　毛利輝元は、石山合戦の項で述べた通りであるが、関ケ原の戦いで西軍に付き敗戦するが、家康からは優遇され、120万5千石を配する。**宇喜田秀家**は、関ケ原の戦いで西軍に付き敗戦するが、後に各所へ逃亡して遂に家督を失ってしまう。
　小早川隆景は、毛利元就の三男で毛利隆元、吉川元春が兄弟であり、共に西国の武将として有名。**隆景**に実子はなく、木下家定の五男が秀吉の養子となっていた羽柴秀俊（後の小早川秀秋）を養子として迎え、家督を譲っている。その経緯は、秀吉は秀俊を毛利家の養子にしようと隆景に打診したが、隆景は血縁関係のない秀俊が毛利家を継ぐことを心配し、秀吉にはすでに輝元の従弟（毛利秀元）を養子にする事が内定していることを述べて、秀吉の計画を諦めさせた。しかし、隆景は、この件で秀吉が毛利氏を不快に思って輝元に処分があることを恐れて、隆景自身が秀吉に請うて秀俊（後の秀秋）を養子にして家を譲った。結果的には、秀俊を養子に迎えることで隆景の位も上昇し、侍従から秀俊と同じ中納言となった。その後、名を改めた秀秋に家督を譲って隠居し、譜代の家臣団だけを率いて三原に移ったがその際、秀吉は12月1日付をもって知行目録を隆景に授け、筑前に5万150石という隠居領を与えられるほど優遇された。慶長2年（1597）6月12日に死去した。
　小早川　秀秋（こばやかわ　ひであき）は、天正10年(1582)、長浜で生まれで、前記の如く、秀吉の妻ねねの甥である。幼少よりねねに育てられ、元服して木下秀俊、のちに羽柴秀俊（豊臣秀俊）と名乗った。天正13年(1585)にわずか7歳で元服して羽柴秀吉の養子となり金吾殿とも呼ばれる。豊臣家の継承権保持者ともみられていたため、秀秋に取り入ろうとする全国の大名から接待攻勢を受け、7歳の元服と同時に毎晩酒を飲み続けることになった。秀吉に実子ができて小早川家へ養子縁組した後も、親族として豊臣家では重きをなした。一時、朝鮮出兵の失態で秀吉の勘気を受け減封された。しかし慶長3年（1598）8月、秀吉が死去すると遺命をもとに、翌慶長4年(1599)2月5日付で家康ら

五大老連署の知行宛行状が発行され、秀秋は筑前・筑後に復領して、所領高も59万石と大幅に増加した。関ヶ原の戦いでは、黒田長政らに諭されて家康側の東軍に返り、東軍勝利の契機を作った事はあまりにも有名である。幼少から北政所に育てられた秀秋は、その教えを汲んで西軍から東軍に返り家康に所領を安堵され岡山城主になり、所領高も55万石を維持したが、慶長7年(1602)若干21歳の滅後は、後継ぎが無く改易される。

上杉景勝は、弘治元年(1555)越後国魚沼郡の生まれで、秀吉時代には、五大老の1人として、会津藩120万石余りを領したが、秀吉の死後、築城修理の掟に違反について謀反があった。これを家康が景勝討伐に向かうが、関ヶ原の戦いの寸前であり、三成から共同戦線の連絡を受け、家康をその地で食い止めようとした。しかし、家康は手早く蹴りをつけて関ケ原に向かった。戦いが幕開けし景勝は石田三成らの西軍に加担するが、敗北した。戦後に、徳川家康から上杉家の存続は許されたが米沢藩30万石へ減封になった。

浅野長政は、尾張国丹羽郡の宮後城主で安井重継の子として生まれた。(近江浅井郡小谷生まれの説もある)信長の家臣で弓衆をしていた叔父の浅野長勝の後継として、娘・やや(彌々)の婿養子となり、のちに家督を相続した。長勝の後妻は杉原家利の娘である。身内で養女となっていたねね(寧々、のちの北政所)が木下藤吉郎に嫁いだことから、長吉(長勝)は秀吉に最も近い姻戚(舅を同じくする義理の相婿)として、信長の命で秀吉の与力となる。秀吉が長浜城主になると、近江国内に120石を与えられた。関ケ原の戦いでは東軍につき、江戸城の留守居を務めた。長男の幸長は関ヶ原の戦いで功をあげ、和歌山37万石へ加増転封されている。長政自身は江戸幕府の成立後は家康に信頼が厚く近侍し、慶長10年(1605)には江戸に移った。大奥には、ねねに仕えた身内同様で知恵者の孝蔵主が家康、秀忠、家光の3代に渡って仕えており、長政にも好都合であったに違いない。

石田三成は、周知の如く、永禄3年(1560)に近江国坂田郡石田村の

生まれである。観音寺(米原市山東町)に預けられていた頃、秀吉が長浜城主になり鷹狩に出かけた折に、温めの大茶碗、中茶碗、熱めの小茶碗でお茶を差し上げた三献のお茶で知られる。家臣になった後、近江国内に 120 石を与えられた。天正 12 年(1584)ころには検地奉行、5 年後には堺奉行、天正 19 年(1591)には、佐和山城主になる。秀吉には文治派としてその才能を買われた。関ケ原の戦いで終焉した。

　増田長盛(ました　ながもり)は、尾張国中島郡増田村生まれ説と長浜し増田村生まれの 2 説がある。天正元年（1573）、28 歳の長盛は、長浜城の秀吉に召し出され 200 石で仕えた。長浜市永保町に「増田長盛屋敷跡」の碑が建っており、ここが長浜時代の住居跡であった事を物語っている。文禄 4 年（1595）に大和郡山城の 20 万石の所領を受ける。秀吉が没すると、石田三成は反徳川の立場を鮮明にするが、長盛もこれに同調して謀議に参加する。慶長 5 年（1600）には長束正家や前田玄以ら五奉行連判で、家康の大名関係の婚約違反を糾弾する弾劾書を示し、五大老の毛利輝元や宇喜多秀家を擁立して挙兵、西国大名に西軍加担を要請する文書を送り精力的に活動した。関ケ原の戦い後は、自害して果てた。

　長束正家(なつか　まさいえ)は、永禄 5 年(1562)に近江国栗田郡長束村で、水口盛里の長男として生まれたようである。秀吉には高い算術能力を買われて直参の家臣として抱えられ、蔵入地の管理や検地の実施にあたった。文禄 4 年(1595)に近江国水口城 5 万石を与えられ五奉行の末席に加わった。後に、12 万石に加増されたが、関ケ原の戦いで西軍に付き敗戦し水口城まで帰城するが、捕えられて切腹した。

　前田玄以(まえだげんい)（徳善院）は、天文 8 年(1539)に美濃国安八郡前田村に生まれたようである。信長に仕え、その次男の信雄に仕え、天正 12 年(1584)に秀吉の家臣として仕えるようになった。文禄 4 年(1595)、秀吉より 5 万石を与えられて、丹波亀山城主となった。豊臣政権においては京都所司代として朝廷との交渉役を務め、慶長 3 年(1598)には、秀吉の命令で五奉行の一人に任じられた。関ケ原の戦い

では中立の立場を保ち、役後は、領地を安堵された。慶長7年(1602)5月に死去したが、領地は三男の茂勝が継いだ。

湖北に縁の深い人として、**黒田孝高**(くろだ よしたか)、**黒田長政**の父子をあげておこう。孝高は播磨の国姫路で天文15年(1546)に生まれで、信長に仕え、江戸時代初期まで活躍した武将で慶長9年(1604)に没した。別名に、官兵衛と如水の呼び名がある。戦国の三英傑の1人とも言われ、幾度かの戦いで功をあげ織田家(羽柴秀吉の重臣として)また、豊臣家に重用され、筑前国福岡藩の先祖となる。先祖は、現米原市山東町の黒田からその後、木之本町黒田に移り住んだ伝えがある。軍師としての孝高は有名で、数々の武功話を残している。

長男は病弱のため、次男の**黒田長政**は幼少の頃人質に出された所が、長浜の秀吉の元であり、ねねに三河の三羽烏と一緒に育てられた。天正6年(1578)、信長に一度降伏したはずの荒木村重が反旗を翻した事で、父の孝高が、懇意であった村重を説得に有岡城へ行った。ところがこれに失敗し逆に拘束されてしまい、いつまで経っても戻らない孝高を、村重方に寝返ったと見なした信長は、人質の松寿丸(長政)を処刑する命令を出す。ところが、父の同僚・竹中半兵衛(重治)が密かに松寿丸の身柄を居城・菩提山城の城下に引き取って家臣の邸に匿い、信長には処刑したと虚偽の報告をするという機転を効かせた。罪は晴れるが、これによって、黒田長政の末があるということになる。

関ケ原の戦いでは、一番の功労者として、家康から子々孫々まで罪を免除するというお墨付きをもらい、筑前国名島に52万3,000余石を与えられた。筑前国福岡藩を立藩して初代藩主となる。永禄11年(1568)に生まれ元和9年(1623)に没するまで、これらの縁に恵まれて成長した長政は、三羽烏と肩を並べる様に武功を建て、朝鮮出兵でも数々の戦勝を伝えている。特に築城の技術に優れており、大坂城や名古屋城、江戸城の巨石を積んだ石垣は、長政の匠であると伝えている。その他の諸所の武功については、郷土史家に任せたい。

以上に記した他にも、秀吉に長浜で採用された武将は多い。数人の

名前を列挙しておこう。堀秀政、新庄直頼、石田正継、石田正澄、宮部継順、生駒政勝、野村直元、小堀政一(州)、大野木甚之丞、藤堂高虎、田中吉政、木下正元、大村新八郎、寺澤志摩守、早川主膳正など、関ケ原の戦いに功を上げて以後、大名になった人も多い。

　以上のように、長浜時代の秀吉を取巻く主だった人々のその後を述べたが、関ケ原の戦いでは、不思議と北政所ねねに可愛がられた側近で身内の尾張国出身者が家康方に付いている。そこには、何があったのだろうか。

4-2　秀吉の最後と起請文

　醍醐寺で盛大な花見のあと、秀吉と淀殿は伏見城へ北政所は御付の**孝蔵主**(こうぞうす)と共に大坂城西の丸に帰っていった。孝蔵主は近江国日野の蒲生一族の家臣で川副勝重の娘で出家してそう名乗り、北政所の信任が篤く表向きの奏者、執事として活躍していた。秀吉やねねの使いで宮中にも出入りして、公家衆にも顔馴染みであった事は言うまでもない。

　さて、秀吉は晩年病の床に臥せながら、世継ぎの秀頼政権の安定を案じて、五大老・五奉行に忠誠を誓わせるように、何度も起請文を交換させた。そして、慶長3年8月8日には五奉行に親類の縁を結ばせて、一致して秀頼を補佐するように命じている。

　以下に少し読み易くした起請文を上げておこう。

　　　　敬伯　　天罰霊社上巻起請文前書事
一、秀頼様へ御奉公之儀、寵前誓詞を以て申上ぐと雖ども、猶以て今度重々御直ニ何度も仰せ聞けらる通り存じ忘れず抽断なく御奉公仕るべき事
一、今度御定成さる如く五人の御奉行に対し、隔心を存ずべからず候、如何様ニ中説申し候共、御直ニ御理申し入れ相すむ可く候、其の上切々御意を得、秀頼様御為然るべき様ニ忠切を抽んずる事
一、此方五人間の事、是又昵懇致し、隔心無く節々参会し、諸事申し談

ずべき事
右條々、若私曲偽申上るニおゐては、忝（カタジケナ）くも此霊社起請文の御罰、深厚に罷（マカ）り蒙るべきもの也、仍（ヨッ）て前書件の如し
　　　慶長三年八月十一日
（差出）　　長束大蔵大輔血判　　石田治部少輔同　　増田右衛門尉同
　　　　　浅野弾正少弼同　　徳善院法印同
（受取）　　家康公　　利家公　　秀家公　　景勝公　　輝元公
『関ケ原軍記大成巻一』(46)

図20　　　京都豊国社の秀吉像

　このような起請文を何度も書かせたが、病床に臥せた秀吉の心は容易に安らかにはならなかったと思われる。五奉行の名で五大老の面々に秀頼への忠誠の念をおして、一致協力せよとしか言えなかった。この請文を出した8月11日は、奇しくも北政所の母朝日が亡くなったという訃報の知らせを受けた。しかし北政所は、意識がもうろうとしだ

した秀吉の病床を離れるわけにはいかなかった。

　北政所や秀頼は、宮中の内侍所に神楽を奏して祈り、醍醐三宝院に病気平癒を祈り、畿内のあらゆる寺社等にも病気平癒を祈らせた。しかし、その甲斐もなく栄華を極めた太閤秀吉は、**慶長3年8月18日**に生涯の幕を閉じたのである。有名な辞世の句をあげておこう。

　　露と落ち　露と消えにし　わが身かな　浪速のことも　夢のまた夢

　応永の外寇(おうえいのがいこう)は、室町時代の応永26年(1419)に李氏朝鮮が対馬へ侵攻した。秀吉はこれへの対抗策として**文禄・慶長の役**(ぶんろく・けいちょうのえき)を天正20年(1592)、慶長2年(1597)の2回にわたって朝鮮へ出兵をおこなっている最中であった。明軍の攻勢は侮(アナド)り難く、派遣された秀吉の近臣で加藤清正、小西行長、島津義弘等が奮闘した武勇伝が多く伝わっているが、しばしば苦戦を強いられたのである。講和交渉の決裂によって再開されていたが秀吉の死によって日本軍が撤退して終結することになった。

　家康と利家は、喪を秘して同月25日、徳永寿呂等を朝鮮に派遣して、諸将らに和を講じて全軍を帰還させる様に命令した。また、毛利秀元、浅野長政、石田三成らには筑前博多に赴いて朝鮮在陣の諸将の撤収を向かい入れた。しかしながら全軍の引揚げは容易ではなかったが、7ケ年の長期に亘った朝鮮の役も、不首尾のままにようやく終止符を打つ事になった。この結果、明軍の打撃は国を亡ぼす糸口を作り、秀吉は自らの家臣の結束に亀裂を生じさせるような打撃を被った。

　つまり、諸将の中には、朝鮮へ出兵して辛苦の経験をした武勲派と国内で治世にあたった文治派に分かれ、十分な恩賞の無かったことへの不満が募った。また、秀吉の名の元に様々な諸奉行事を治めてきたが、その事で不利益を被った諸将には、全てを文治派の三成が画策した事だとして彼に対する批判が日増しに高まっていったのである。同様に秀頼への不満にも繋がっていった。むしろそれは、秀頼を支えて補佐する淀殿への不満でもあり、彼女自身が気位が高く男勝りの気丈夫さは、可愛げも同情の余地も無かったようである。この様な状況か

ら、武勲派と文治派の対立は益々深まっていった。

　不破幹雄稿「関ケ原合戦」⁽¹⁰⁾によれば、その前後の動向を解りやすく、次のように書いている。秀吉の死後、家康は、次の体制を作るべく、諸侯への懐柔策をとり将来的に利用価値のある武勲派の諸将に対して、密かに接近作をとっていた。前田利家や加藤清正は勿論であるが、薩摩の島津家にも色々な口実を設けて接近した。薩摩の前大名島津義久と家康との近親度が急に増した事を石田三成が感じ取り、義弘父子に、秀頼公に対して何等異心のない事への誓書を出させている。

　また、後年の事になるが関ケ原の役に際して、三成は在大坂の義弘から薩摩にいた兄義久に対して出兵を要請したが、これに応じなかった。家康も関ケ原の戦後に上洛を伝えたが応答がなく、一度は島津征伐で出兵したが、慶長7年(1602)に撤退して島津の本領を安堵した。結局、家康の戦後処理は、薩摩藩のみが不問に附せられている。この事は、戦い前の事情を考慮したものであろう。

　また家康は、禁断と知りながら秀吉滅後の混乱期に諸将同士の縁組を結んだ。それは次の通りである。松平忠輝(家康の六男)と五郎八姫(伊達政宗の娘)、満天姫(松平康元の娘、家康の姪で養女)と福島正之(正則の養子)、万姫(小笠原秀正の娘、家康の曾孫で養女)と蜂須賀至鎮(家正の嫡男)、かな(水野忠重の娘、家康の従妹で養女)と加藤清正、栄姫(保科直正の娘、家康の姪で養女)と黒田長政との姻戚関係を結んだのである。

　三成派はこれを重く見て、大坂に居た前田利家や五奉行の名で、僧承兌(西笑承兌:臨済宗の僧で豊臣政権の顧問的役割を務めた)と生駒親正を使いとして、法令の1つ「諸大名の無許可での縁組の禁止」に違反する行為であると詰問した。家康派は、三成派に対して、怒り心頭に達していたのであろう。不穏の空気が漂よって、伏見と大坂の諸大名の間には一触即発の状態にもなりかねない状況となった。この状況を放置してはいけないと、猶予なく三中老が調停に乗り出した。これに対して家康は、追及をかわし、2月2日に前田利家らと誓書を交

わすことで和睦した。つまり三中老らの調停によって太閤の掟、大老、奉行の誓書に違背しない様にとの誓書を取交わして、漸く事なきをえた。両者の起請文は次の如くである。以下に少し読み易くした起請文を上げておこう。

　　敬白　霊社上巻起請文前書事
一　今度縁辺の儀に附て、御理の通り承り、然る上は、向後遺恨存ぜず候間、前廉に相変わらず、諸事昵懇せしむべき事
一　太閤様御置目、十人連判誓紙之筋目、いよいよ相違有るべからず候、若し失念も候て、唯々身上に於いて茂相違之有らば、十人の内聞き付け次第、一人・二人にても、互いに異見申すべく候、其上心之無きに於ては、残る衆中一同に、申すべき事。
一　今度その方へ昵懇の通り申す人有りとて、其者に対し遺恨含み存分之有るべからず候、但御法度御置目に背き申すにおいては、十人にて穿鑿を遂げ謝罪科せらるべき事
　右條々、若し相背くに於ては、忝(カタジケ)くも(略)霊社上巻起請文、御罰深厚罷り蒙るべきもの也、仍(ヨッ)て前書件の如し
　慶長四己亥年二月五日
　　　　　　　江戸内大臣　家康御血判　加賀大納言殿
　　　　　　　　　　備前中納言殿　　会津中納言殿
　　　　　　　　　　安芸中納言殿　　徳善院入道殿
　　　　　　　　　　浅野弾正少弼殿　増田石衛門尉殿
　　　　　　　　　　石田治部少輔殿　長束大蔵大輔殿
　　敬伯　霊社上巻起請文前書事
一　今度縁辺の儀に附て、御理申し入れ候処、早速御同心恐れ入り存じ候、然る上は、向後御遺恨御座候なく候旨、各に於て忝(カタジケナ)く存じ候の條、前廉相かはらず諸事昵懇仕るべく候事
一　太閤様御置目、十人連判誓紙之筋目、いよいよ相違有るべからず候、若し失念も候ては、唯々身上に於いても、相違之あらば、十人の内聞き付け次第、一人にても互いに異見申すべく候、其上心

81

これなきに於ては、残る衆中一同に、異見申すべき事
一　今度その方へ昵懇之通り、申す仁これありとて、其者に対し遺恨
　　含み存分これあるべからず候、法度御置目背き申すに於ては、十
　　人にて穿鑿を遂げ、罪科に所せらるべき事
　　右條々、若し相背くに於ては、忝(カタジケナ)くも（略）霊社上巻起請文、
　の御罰、各深厚罷り蒙るべきもの也、仍(ヨッ)て前書件の如し
　　慶長四己亥年二月五日
　　　　差出　　　長束大蔵大輔入道　　　石田治部少輔入道
　　　　　　　　　増田右衛門尉入道　　　浅野弾正少弼入道
　　　　　　　　　　徳善院法印　輝元、景勝、秀家、利家
　　　受取　内大臣殿　家康宛　　書簡
　　　　　　　　『関ケ原軍記大成巻一』(46)
　さて、家康の武家衆への婚儀の事がこの騒動に発展したが、家康宛
への書状を見れば、掟違反で今にも捕まえるという際どい内容である。
そこで、家康の一命が危ういのではないかと感じた、福島正則、池田
輝政、黒田長政、藤堂高虎、織田有楽、有馬則頼等が伏見の徳川邸に馳
せ参じた。そして、毎夜、詰めて家康を警衛した。この事態はすでに開
ケ原の戦いを目前にして体制が整いつつある状態で、警護した彼等に
とっては主君が家康であることを表明したようなものとなった。
　秀吉は、先に五奉行、五大老の要職を置いていたが、病気が深まる
と世継ぎの心配から、更に三中老の職を置き中村一氏、生駒親正、堀
尾吉晴を任命していた。諸将の間の紛争の調停に当るのを任務とした。
また自分の死後について、家康は伏見に在って諸政を総覧し、前田利
家は大坂城に在って秀頼の補任をする様に言い渡していた。
　利家は信長に仕えた若い頃から、秀吉とは特に親しい交わりの間柄
で、武勲派の最右翼でありながらも、いつも両派の何れにも偏よらな
い中立の意見を主張したため、両派の諸将の誰からも信頼され畏敬さ
れる人物であった。秀吉の妻ねねの所へは、足しげく通って秀吉の病
状を伝えていた心遣いもあった。その**前田利家**が、慶長4年(1599)3

月3日に**死亡**した。これは、豊臣家の秀頼、淀殿をはじめ文治派の諸将にとって万事休すと言えるほどの痛手であった。

　もし利家がもう少し長生きして健在であったら、諸将の対立不和もこれほどに激化せず、三成派も家康を追い詰めるような事は無かったであろう。そして、関ケ原の戦いも風雲急を告げるように早くは起こらなかったし、戦況もあの様な結末にはならなかったと思われる。それほどに、利家の重鎮は両派に畏敬されていたのである。

　前田利家が亡くなった事によって、武勲派にはこれと言った恩恵が無かった事も三成の謀であったとの声が益々高まり、平素からの何かにつけての意見の対立も急速に増してきた。三成と犬猿の仲だった加藤清正、細川忠興、浅野幸長、福島正則、黒田長政、蜂須賀家正、藤堂高虎の七将達は、この好機を逃すべからずとの思いで三成邸に襲撃をかけて押し寄せて行ったのである。

　事前に利家が亡くなった知らせを聞いていた佐竹義宣は、単身で直ちに大坂の三成邸へ行き、彼をわざと女物の籠に乗せて、宇喜田秀家の邸に避難させた。しかし、ここも安全ではないと思い佐竹義宣は、秀家の家老と共に、京都伏見の邸に避難させたのである。七将達は伏見まで追いかけて来た。『言経卿記』[47]によれば、この時、北政所は、家康に三成の保護を依頼し仲裁を申し入れた。家康は北政所の仲裁を聞き入れて三成を保護した。この事によって、家康は感情に走らず客観性（正統な判断力）がある人物と評され、以後も相対的に評価が高まったとされている。

　つまり北政所の仲裁によって長老家臣の本多正信は、主君の家康に対して目障りではあっても今ここで、三成を討つことは大儀名分が立たないと進言した。家康は北政所の仲裁意見と正信の意見を、もっともであると聞き入れて七将等を鎮めて帰らせた。結果的に三成は五奉行を隠退して佐和山城に蟄居させることになった。三成は3月7日に伏見の邸から出発させたが、道中の危険を考慮して、家康の三男秀康を途中の近江の瀬田まで護衛させた。そして、三成は無事に佐和山へ

帰ることができたのであった。『関ケ原軍記大成巻二』⁽⁴⁶⁾

　三成派は、利家が亡くなり、三成が佐和山に隠退すると、秀頼を擁立してきた側近の二大支柱を失う事となり五奉行・五大老共にその中心人物が無くなり、混乱状態におちいった。そして諸将の間には、疑心暗鬼が生じて不安と動揺が止まらなかった。

　このような状況を打開する為に、家康は五奉行によって五大老以下の諸将を説得させて、朝鮮の役以後、久しく国元を離れていた諸将に帰国して休養させることにした。この処置は家康にとって、身辺の危険を取り除くと共に、同時に政権を思いのままにする、一石二鳥の方策でもあったのである。

　秀吉の死後、秀頼と淀殿は、慶長4年(1599)1月10日に伏見城から大坂城に移った。このため、家康は、増田長盛、長束正家らを呼び出して、秀頼公が幼少であるので、我等が後見いたす様、太閤が遺言で仰せになっていたのであるから、伏見城に居てはそれができない。したがって、我々も大坂城の西丸に移って政治を行う事が好都合ではないかと打診した。そして、この処置が元々は、大老の秀家、景勝、輝元等が以前にも申していた事で、今更改めて相談する必要もないのではないかと伝えた。増田長盛、長束正家らは同意のことであったので、10月1日に**家康は大坂城西丸に移った**のである。そして、誰にはばかることなく、誰に遠慮することもなく実質的に天下を牛耳ることとなったのである。

　秀頼が大坂城に転居すると、西丸に居た北政所ねねは、同年9月に京都の新城(現京都御所の東南で北区)に隠居したのであった。京都新城は豊臣関白の邸宅として秀頼が住む城郭風の場所であったが、大坂に常住する事になり空き家であった。勿論、その手配は家康がしたのであるが、特に北政所にはこの上なく気を遣っており、今後の動乱に巻き込まれないようにとの配慮があった。

4-3　家康の上杉景勝詰問と会津征伐

　上杉景勝は慶長3年1月に越後春日山より会津に移封された。会津で景勝は、防戦の準備と称して同年秋下旬頃から、家老の直江兼続に命じて、金指城の築城や道路の改修に着手したり、多数の浪人を召抱え、武具や馬具などを大量に準備していた。会津謀反の噂がたった。

　大老らから将軍秀頼への年賀の挨拶に大坂へ出仕せよと命令されたが、これも無視していた。景勝に謀反の企てがあるとの風聞が大坂にも聞こえて来た。そこで、家康は早速、奉行の徳善院前田玄以を呼び寄せて、洛中・洛外に居住する諸浪人が会津に下ることや、商人達に武具・馬具等を売買することを禁止させた。

　家康は増田長盛と大谷刑部を呼び、景勝謀反の噂があるが如何かと問うたのに対して、両人は景勝に限って秀頼公に対し謀反など毛頭ないと信じているが、急の為に検使を行かせて事の真相を明らかにしてはどうかとの返答であった。

　この事は、越後の近隣の大名の最上義光や堀秀治らが上坂して、景勝謀反の計画が事実であることを家康に申し述べていた。この一件には裏があり実は、景勝が石田三成と謀って公然と遂行した行動であった、との説もある。そこで家康は、慶長5年(1600)4月1日、問罪使として伊奈昭綱と増田の家臣河村長門の二名を使者として会津に派遣し、景勝が上洛して謝罪と釈明を求め、同時に西笑承兌に直江兼続宛書状（景勝の軍事力増強を咎め、異心が無いのであれば誓書を差し出した上で上洛し、弁明すべきとの内容）を持たせた。

　この家康が出した書面に対し、景勝は巷に不審な噂があるが、疑いがあれば家康又は秀忠に一度見に来いという内容（直江状）を送ってきた。そこで、家康は、開き直った景勝を征伐するために、6月6日に諸大名を大坂城西の丸に集めて軍議を開き、援軍を江戸に集合させる事にした。そして、家康自らも6月16日に大坂を18日に伏見を出て、江戸に帰国したのである。この会津征伐の時には、秀頼も賛成し家康に黄金2万両と米2万石が下賜されている。以下で家康の足取りを辿

っておこう。6月23日、浜松に宿営。24日、島田に宿営。25日、駿府に宿営。26日、三島に宿営。27日、小田原に宿営。28日、藤沢に宿営。29日、鶴岡八幡宮に参拝して戦勝を祈願し、7月2日に江戸城に入る。

さて、三成は家康が会津に出征して畿内を留守にした間を狙って、家康方を打つべく挙兵の準備を進め、大坂に結集するように誘った。これより先に大谷吉継が東下しょうとして垂井の平塚為広邸にいたが、両人は佐和山へ呼ばれた。7月12日に増田長盛・長束正家・前田玄以の三奉行らも大坂城西の丸で相議して毛利輝元を推して総師に要請した。輝元は、広島を船にて出発し、7月15日には大坂で宇喜多秀家、三奉行、小西行長、三成らとともに決起した。17日に秀頼を擁立した家康追討の檄文を三奉行の名で各地の諸侯に飛ばした。

家康はその時、まだ江戸城にいたが知る由もなかった。慶長5年(1600)7月19日に家康は、秀忠を総大将とする軍勢を会津に向けて派遣する。また、21日には家康自身も江戸城から出陣して会津に向かう。そして、7月24日に家康は、下野小山に居る時、京都伏見城の鳥居元忠の急使が到着して三成らの挙兵を知る。

これは、元忠からの書状で家康等に従って上杉征伐に向かった諸将の妻子を、三成は大坂城内に引き入れて人質にした事がわかった。これによってその諸将らを西軍側に属させようと謀ったのである。7月17日に、長盛等は細川忠興の室、細川ガラシャ（明智光秀の娘）を城中に引き入れようとしたが、応ぜず館に火を放って、自害した事なども知らせた。婦人は私が捕らわれた事を、夫が苦にして敵に負けては困るとの思いであったようである。留守居の従臣等も邸宅に火を放ち、焼いて婦人に殉死したと伝えている。

前記したが同じ頃に本願寺教如は、同年7月2日に京都を立ち、三成の妨害をかいくぐって関東の下野小山に居る徳川家康を見舞っている。鳥居元忠からの書状が24日に到着する前に、教如は一足早くに西軍の動きを伝えたのであろう。

これを知った家康は、直ちに会津征伐を中止、**小山（おやま）評定**を開

いて今後の対応を協議する。この時福島正則は、家康のために命を投げ出す事を誓い、掛川の城主山内一豊らは内談して「家康に東海道筋の諸大名の城を明け渡してでもお味方しますので上洛を」と提案した。この決意を家康は、後々まで「古来より最大の功名なり」と激賞したと伝えている。彼らの決意表明によって、会津征伐に参戦した諸将は一丸となった。上方の諸大名が容易に味方して上洛の目途が立った。

　しかし実は家康がこの時、参戦した諸将の全員が東軍側に付くかどうかの分かれ道だと思案していたのである。そして景勝に対しては、結城秀康の軍勢を抑えとして残し、家康は反転西上して三成らの討伐に向かった。一方の景勝もこれを見て、後の憂いを絶つために出羽の最上義光を攻略することに方針を転換している。このため徳川軍と上杉軍が直接対決する事はなかった。

　以下では、**東軍、西軍**の言葉を用いるが、正確にはその呼び名は江戸時代に入ってから使われた。さて、一方、三成方の西軍は、飛ばされた撒に応じて続々と大坂城に集合した。その諸将は『関ケ原町史　通史上巻』[10]によれば次の如くである。

　毛利輝元、毛利秀元、吉川広家、宇喜多秀家、島津義弘、小早川秀秋、小西行長、鍋島勝茂、長曽我部盛親、増田長盛、蜂須賀家政、生駒親世、毛利秀包、安国寺恵瓊、長束正家、脇坂安治、高橋元種、秋月種長、島津豊久、福原長尭、多賀秀家、木下重賢、高橋長行、毛利高政、相良頼房、谷衛友、横浜茂勝、奥山正之、藤掛永勝、赤松則房、山崎定勝、川尻道次、高田河内守、堅田広澄、服部土佐守、筑紫義冬、小川祐恵、南條忠成、九鬼嘉隆、戸田重政、朽木元綱、石川頼明、原可政、平塚為広、大谷吉継、立花宗茂、赤座直保、垣見家純、関一政らである。

　そして三成は、家康に従って上杉征伐に向った諸侯に対しても、書状を送って、西軍に属するように求めている。

　大坂城に集合した西軍の最初の戦いは、伏見城攻めであった。家康は、忠臣で4歳年上の鳥居元忠を説得して伏見城を護るのに1,800余人を残してきた。鳥居元忠は優秀な家臣であり、家康に従って上杉征

伐に向うことを切望していたが、主君の説得で伏見城を死守することになった。

この時、島津義弘は家康から援軍要請を受けて1,000人の軍勢を率い、家康の家臣である鳥居元忠が籠城する伏見城の援軍に馳せ参じた。しかし元忠が家康から義弘に援軍要請したことを聞いていないとして入城を拒否したため、西軍総勢4万人の中で孤立した義弘は当初の意志を翻して西軍への参戦を決意したのである。

伏見城攻めに結集した、三成の軍勢は7月12日からの攻撃で、8月1日には全滅した。この時のエピソードで木下勝俊（家定の長男）は、鳥居元忠とともに城に籠っていたが、弟の小早川秀秋が攻めてくると知って一目散に逃げだしている。「卑怯者」の代名詞のように受け継がれ、愛想をつかした妻は離縁して尼さんになった。

7月17日に三成側の飛檄があった頃、北政所のねねは、いずれ政権は内府の家康が握るに違いない事を覚悟して、孝蔵主に手紙を書かせ、身内の親類縁者に生き延びる方途を選ぶ事を示唆している。清正は熊本を出発して上洛後に、正則は家康軍に、浅野幸長は秀忠の軍に、秀秋が最後は東軍（関ヶ原）に向かう前にねねをたずねている事が記録に残されている。京極高次は始め、西軍に属するが、途中から東軍に転じて大津城を死守する。その他、諸例が下記の如く伝えられている。

三奉行の飛檄に応じて大坂城に来襲した軍勢は三軍団に分けられた。伊勢路より東海道を下るもの、美濃路より東海道を下るもの、北陸道を下るものに分けて、編成の残りは予備軍として大坂城にどめた。編成は次の過りである。

伊勢路軍団　毛利秀元、吉川広家、長束正家、安国寺恵瓊、長曽我部盛親、宍戸元次、鍋島勝茂、龍造寺高房、毛利勝永、毛利元政、岡本宗憲、中村直澄、山崎定勝、蒔田健之助、秀頼配下の兵、合計35,000余人

北陸道軍団　京極高次、大谷吉継、小川祐忠、脇坂安治、朽木元綱、大谷吉勝、木下頼継、戸田重政、戸田重宗、赤座直保、平塚為広、木下

利房、溝口大炊助、寺西定時、上田主水正、　合計 27,000 余人
　美濃路軍団　宇喜多秀家、石田三成、島津義弘、小西行長、福原長尭、垣見家純、熊谷直盛、木村勝正. 秋月種長、相良頼房、高橋長行、伊藤盛実　合計 40,000 万余人
　大坂在城軍　毛利輝元、増田長盛、生駒親世、小出秀政、小野寺網元、堀田氏喜、多賀高賢、石川頼明、片桐市正、川尻直次、南條忠秀、蜂須賀家政、毛利高政、竹中伊豆守、織田信包、秀頼配下の兵　合計約 50,000 万人
　これらの軍団は、8月に入ってそれぞれ美能国に向かう途に就いた。さて石田三成等の美濃蹄軍団は、8月11日、大垣城に入った。
　これより先. 三成は甥の川瀬左馬を岐阜城に遣し、織田秀信に西軍への協力を求めさせた。秀信は既に家康より会津へ従軍するように言われていたが、遊芸にひたって動こうとしなかった。

家康側の軍団

　前記した小山評定では、会津を先に打つべきか西軍を討つべきかを福島正則、黒田長政等にたずねた。福島は、まさか家康が豊臣秀頼に取って代わろうとしているのでは無いかと尋ねたが、その意思が無い事を確認したので、勇んで先方隊に行くことを決めた。その結果を開いた家康は、いよいよ、西軍と決戦する時期が来たと判断してた。、
　家康は、三軍団を編成し、第一軍団は福島、池田、黒田、等と軍艦に井伊直正、酒井秀忠をつけ、三万余人で東海道を西上させた。
　第二軍団は、徳川秀忠、徳川譜代の諸将、三万余人で木曽路を西上させた。出発時に、信濃の真田信繁（別名幸村）（さなだ のぶしげ）の平定を命じられ、上田城攻めの最中の9月8日に家康から即時上洛を命じられ行軍を急いだが、15日の関ヶ原本戦には間に合うはずもなかった。
　第三軍団は、徳川家康以下、三万余人で東海道を西上する事にした。
　第一軍団は8月14日に、清州城に集結した。
　そこへ家康から、西軍が大垣か岐阜辺りまで来ていると思われるが、一先ず手合わせのつもりで、一戦交えて勝利してくれると有難い、と

の連絡がきた。加藤嘉明らが最もだと言う事で、岐阜城を攻め8月22日頃には落城させた。この戦いで、家康に内通していた竹中丹後の守、加藤左衛門尉(さえもんのじょう)、関長門守、西軍の石川備前守らは、犬山城にあって岐阜城陥落の知らせを聞いて東軍に帰した。また、藤堂、田中、黒田らは、大垣に軍を進め北西の赤坂の岡山に陣取り、東軍の諸将を集結することにした。

　家康は、岐阜の勝利の吉報を聞いて、喜び勇んでそちらへ行くとの手紙が来た。9月1日に江戸を出発し、13日に岐阜に到着し、14日には赤坂の岡山に到着した。杭瀬川の戦いでは、大垣城にいた島左近は、三成・宇喜多秀家らの承諾を得て一戦を交えたが、厳しい戦いとなり互いに引き上げた。ここで不思議なのは、何故、家康は一月もあるのに大垣へ来なかったのか。東軍の諸将も待ちわびていたに違いない。

　家康は8月4日に小山を発って5日に江戸城に入った。関ケ原へ西軍が次々と集まる中、9月1日までは動かなかった。約一月も江戸に居ながら、全国の諸将に東軍への応援に加わるように、支援の手紙を多数書いていた事は確かである。しかしながら、その事は何所に居ても出来る事である。家康の本心は、小山で一丸となった諸将が関ケ原へ向かう途中に、秀吉に恩義を感じて西軍側に寝返るのではないかという不安があった。家康は大垣の吉報を得て、ヤット安堵して出発の決意をしたのであろう。

　以下に『関ケ原町史・通史編上巻』[10]を参考に**関ケ原の合戦**における西軍と東軍の勢力を挙げておこう。

　　西　軍
石田三成・大坂豊臣配下　約　7,000人　島津義弘　約1,000人
小西行長　約　6,000人　宇喜多秀家　約　17,000
大谷吉継・平塚・戸田　約　3,000人　　計　34,000人　実戦参加
小早川秀秋　約　15,000人　脇坂・朽木・小川・赤座　約　5000人
　　　　　　　　　　　　　　　　　　計　20,000人　　反応軍
毛利秀元・吉川広家・長束正家・安国寺恵瓊・長曽我部盛親

		計　35,000 人	傍観軍
福原長尭・以下七将		約　7,500 人	大垣城守備
		総計　約 86,500 人	

東　軍

徳川家康	約　30,000 人	福島正則	約　6,000 人
黒田長政・竹中重門	約　5,500 人	細川忠興	約　5,000 人
松平忠吉・井伊直政	約　6,000 人	本多忠勝	約　5,000 人
加藤嘉明	約　3,000 人	田中吉政	約　3,000 人
藤堂高虎・京極高知	約　5,500 人	筒井定次	約　2,800 人
寺沢広高	約　2,400 人	生駒一正	約　1,800 人
金森長近	約　1,400 人	古田重勝	約　1,000 人
織田有楽・有馬則頼・分部光嘉　約　1,100 人			
其他	約　1,000 人		計　75,000 人
池田輝政	約　4,500 人	浅野幸長	約　6,500 人
山内一豊	約　2,000 人	有馬豊氏	約　900 人
徳永その他	約　3,000 人	計　75,000 人	南宮山に備う
堀尾忠氏	約　5,000 人	中村一榮	約　4,300 人
水野勝成	約　900 人	西尾光教	約　600 人
その他	約　200 人	計　11,000 人	大垣城に備う
		総計　約 102,900 人	

4-4　家康が勝利できたのは何故か、諸将の動向と高台院ねね

　ねね（おね）と秀吉の死と諸将の動きを述べてみよう。関ヶ原の合戦は、丸一日もかからずに、東軍の勝利が確定した。元、秀吉の重臣の多くが東軍の家康側に就いたのは何故か。そして、小早川秀秋が開戦直後に西軍から東軍に寝返ったのは何故か、これらの要素は家康の勝利に大きく貢献していることは間違いない。その背景を探ってみよう。

　前にも記したが秀秋は、長浜で木下家定の子として生まれ、秀吉の養子にもなるがその妻ねねに手塩にかけて我が子同然に育てられてき

たのである。秀秋は成人してもねねに多額の小遣いを強請るほどの逸話があるように子飼いの身内は、ねねにとっても可愛かったのである。そのようなねねに、長浜時代の幼少の頃から教育されたのは、厳しい戦国の時代であっても、自分が生き延びる事を強く諭されていたに違いない。「人生は長生きした方が勝ちだ」と言う教訓が頭にあったのである。秀秋は関ケ原に向かう前日も、高台院ねねを訪ねている。戦場でもねねが京都から見ていると思い、その面影が秀秋の頭をよぎっていたに違いない。

　慶長5年(1600)9月15日に関ケ原の合戦で徳川家康が勝利した。この合戦の戦況については、多くの人が著し述べているのでここでは割愛するが、小早川秀秋や加藤清正、福島正則等の尾張衆は、ねねの近衆にいた人々が予定の行動をとり、生き長らえる方途を選び、その事が家康方の勝利になった事は間違いない。島津義弘の行動や父の義久が薩摩から援軍隊を送らなかった事も、その範疇にあった事は間違いなく、義弘はただ戦場を突破して逃げる事に必死であったのであろう。

　このように戦いの様子を見ると、ねねの息の掛かった秀吉の子飼いの尾張衆の多くの諸将は徳川方に就くが、長浜ないしは湖北出身の諸将は西軍に就いている。そして、湖北の民衆も豊臣秀頼方の西軍に就いて支援しいる。たとえば、**大谷刑部吉継**は敦賀城主で、ねねと姻戚関係にもある人であった。生れは近江の説がある。三成に三度、家康との和睦を提案したが、三成の戦闘意思を変えられなかった。負け戦と知りながら参戦し北陸の前田利長等の諸将の参戦を封じ込める手だてをした。戦場では秀秋の寝返りを知っていたが、脇坂らの相次ぐ寝返りは予想外であり、最早これまでと見た刑部は、その場で自害して果てた。ねねと姻戚であった故に主君の秀吉に忠義を果たす思いだったのであろう。家康の目にも止まった人で名将の中の名将であった。

　また、秀吉の怒りに触れて、関白の豊臣秀次一族が総て処刑されたのは有名な史実である。数少ない豊臣家の親族をさらに少なくし、秀頼を支える藩屏が全く存在しない危険な状態になり、三成の失政説も

ある。原因はとも角、秀次の家老格であった中村一氏(駿府)、山内一豊(掛川)、堀尾吉晴(浜松)らと、それに関係した池田輝政(吉田)、田中吉政(岡崎)らもこの件で迷惑を蒙り、豊臣政権から離れて東軍に就いた。それぞれ東海道添に居城を持った諸将である。さらに、朝鮮出兵以来の文治派と武断派の対立は豊臣家臣団の亀裂を決定的にし、これらの政治的矛盾が関ヶ原の戦いで東軍に集まる一因となる。前記のように、ねねの影響や豊臣政権の矛盾、東軍の結束した幸運が家康に勝利をもたらしたと言える。

合戦後、西軍に就いて生き延びた諸将は、機会を得て片桐且元の様に徳川家に仕えた人もいる。また、湖北の住民は頑(かたく)なに西軍(秀吉方)を支持したが合戦後、家康が安堵するという書状を与えた。家康の安堵状は、湖北、湖東、湖南の方面にも出され、これを期に幕府の藩下に入った地域や村々が多い。関ヶ原での合戦後、家康は、9月15日夕方には三成の居城の佐和山城落城の報を聞いた。西軍が雪崩をうって東山道を総敗走し、17日には瀬田・大津の辺りまで達した事を確かめている。この後、家康は、湖東の東山道を南下して20日に大津に入り、大津城を平定した。家康は、佐和山城から大津城、また、京都に至るまで、住民にも細心の注意を払いながら上京した事が分かる。

石田三成、小西行長、安国寺恵瓊らを捕らえて大津へ引き連れ、これらを同行したのである。これによって沿道の住民にも東軍が勝ったことを知らしめたのであろう。その後、教如は新築の大津御坊で家康を迎えた。家康は、26日まで大津城に滞在するが、この6日間に大津の豪商らとも会い京都の朝廷方や公家衆、諸侯等多くの人から祝勝の挨拶を大津で受けている。家康が上京するはずが、逆に大津へ来るのは彼らを膝下(しっか)に納めた実力を天下に公表したようなものである。

本願寺との関係では、慶長6年7月5日に家康が教如を訪ね、ついで8月15日には教如が伏見城に家康を訪ねているなど相互に訪問し合う親密な関係を築いている。そして、慶長7年(1602年)2月に教如は、京都の六条に方七町の土地を家康から寄進され、東本願寺の建立

が始まる。家康は京都での年明けの祝賀のために岡崎を出て、12月22日に大津に至り教如に迎えられている。慶長8年(1603年)1月3日に家康の仲介による親鸞の木造が妙安寺から本願寺に届けられ、6月8日には仮御影堂に安置された。

慶長8年2月12日、家康はで征夷大将軍に就任した。京都の二条城でその披露目の祝賀があり、宮中・公家衆を始め諸大名、諸宗の本山住職等が招かれ、教如も祝賀に参加している。そして家康は江戸へ帰ると、城の整備や政権作りに取り掛かった。江戸城の改築に全国の大名に分担して普請工事を命じ、慶長11年(1606)9月23日に本丸が完成する。

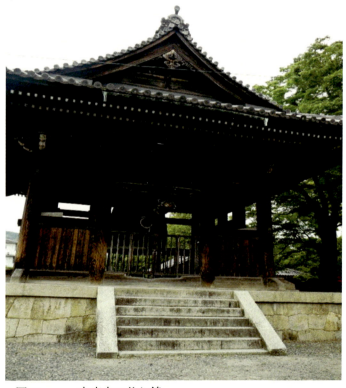

図21　　　方広寺の釣り鐘

この頃の家康の政治目標は徳川家を頂点とする安定した長期政権をつくることを模索しており、徳川家の主君筋にあたる豊臣家に対しては、服属させて別格的存在とする思いであった。しかし、それが拒絶されれば処分せざるを得なと考えていた様である。同年7月に家康の三男・徳川秀忠の娘の千姫が秀吉の遺言に基づき豊臣秀頼に嫁いだ。

　慶長10年(1605)正月に家康が、つづいて2月に秀忠が伊達政宗ら奥羽の大名を加え16万の大軍の指揮を執り上洛した。そして、同年4月16日に家康は将軍職を辞して秀忠に譲り、自らの官位であった右大臣の位を秀頼に譲った。将軍就任時の秀忠の官位が内大臣であったことは、秀忠の将軍職継承とともに天下の執政が徳川家によって世襲されることを全国に誇示したものである。5月8日に家康は秀頼に臣下の礼を取るように高台院ねねを通じて要求したが、母の淀殿はこれを拒

図22　　方広寺　梵鐘の銘文

否した。家康は融和策をとり岐阜城の織田家の例に習う処遇を要求したのであろう。

しかしながら、その頃、京都から以西の関西は、相変わらず亡くなった豊臣秀吉の人気が高く、徳川家は将軍、豊臣家は右大臣（侍の束ね役）で同等職位とみられていた。また、大坂には関ケ原の合戦で浪人化した侍が10万人も集まっており、金持ちの豊臣家ではこれを何時でも雇うことができる状態にあり、天下にとっては不安定な状況にあった。これを危険視した家康は何度も、大坂に集まる浪人を雇う事を禁止し、追い出す対策を取っている。

秀吉の命で建立した方広寺が火災に合い、京都大仏の再建工事が10年を経て、慶長19年（1614）3月にようやく開眼供養を行うことになった。この時の寺社奉行が**片桐且元**であり、彼は、関ヶ原の合戦で西軍に属したが、命永らえて大坂へ帰郷して秀頼の警護を担当していた。その後の徳川政権下では、秀頼の代行として大坂奉行を勤め、続いて、秀吉が発願して秀頼が工事を進めていた京都大仏工事にも奉行としてかかわっていたのである。開眼供養にあたって、豊臣家から家康へ報告したが、種々の問題が提起されて且元はその交渉役にあたった。

家康が指摘した問題は、徳川氏が派遣した大工頭の中井正清の名が棟札に記されていない、法要の着座順に異議を唱えた、梵鐘（ぼんしょう）に刻まれた銘文（めいもん）が不快であるとして大仏殿供養の延期を伝えた。鐘銘文の異議は「国家安康」「君臣豊楽」の2句で、前者には家康の諱を「家」と「康」に分断して家康を呪詛しているのではないかとし、後者には豊臣を君主として楽しむという底意が隠されているのではないかとして、家康は訂正を求めた。これが方広寺鐘銘事件の発端である。

家康は、この仲介策として「秀頼の駿府・江戸への参勤」「淀殿の江戸詰め」「大坂城を明け渡し大和郡山城に赴任」の3つの選択肢を且元を通じて秀頼の重臣に伝えた。この伝令役を務めた且元が、豊臣方では家康の言いなりになって、大坂方を裏切ったのではないかとの疑い

がかかった。秀頼は且元に寺に入って隠居するよう命じて執政の任を解いた。同盟を考えていた家康は、且元罷免の報を受けて激怒した。

このような経過から、対立が厳しくなり江戸方・大坂方ともにすでに戦争になることが明白な状況となった。片桐且元は、豊臣家の永続を願い何とかしてと、苦肉の策を提案したが裏切りの汚名まで着せられ、命を狙われ、隠居させられては迷惑千万な処置であった。気位の高い淀殿の決断か、大野治長の決断かは分からないが、且元の忠臣さが見抜けない主君に失望し、これ以後は家康方に付くことを決断した。

慶長19年(1614)に入ると豊臣方も徳川方も戦争の準備を着々と進めた。豊臣秀頼は各地の諸将に援軍の要請をするが、要請に応じる大名がいなかった。関ヶ原の戦いで西軍に加わった生き残りの大名のほとんどはこの戦いに参加せず、豊臣軍の主だった将は、大野治長と治房、木村重成、真田幸村、真田信繁、毛利勝永、長宗我部盛親、後藤基次、明石全登などいずれも関ヶ原の役後に御家取り潰しなどに遭った衆である。後は寄せ集めの浪人軍勢であった。集まった浪人を併せた豊臣方の総兵力は約10万人である。徳川方の動員した兵力は約20万で、豊臣恩顧の大名である福島正則や黒田長政、加藤嘉明、平野長泰は江戸城に留め置きとされた。

大坂冬の陣は、11月19日に木津川口の砦において戦闘が始まり、この後26日には鴫野・今福の戦い、野田・福島の戦いで豊臣軍が敗戦したが、12月初めの真田丸の戦いでは、徳川軍を撃退した。豊臣方は籠城戦に切り替えた。この後、徳川方は淀川、大和川を堰き止めて大坂城を水攻めにした。さらに徳川方は諸隊に命じて毎夜三度、きせいの声を挙げて鉄砲を放たせ、敵を不眠に陥らせた。遂に豊臣方に講和を持ち掛け、その条件に大坂城惣構・二の丸・三の丸の破却、堀の埋めることとなった。

休戦状態から再び夏の陣が始まるが、城の堀を埋められてしまったため、城を出て戦わざるをえない状況になっていた。慶長20年(1615)5月6日頃から**大坂夏の陣**で樫井の戦い、道明寺・誉田合戦、天王寺・

岡山合戦、八尾・若江合戦が順次に起こった。軍勢力は、幕府軍が冬の陣：約 200,000 人、夏の陣：約 165,000 人に対し、豊臣軍が冬の陣：約 90,000 人、夏の陣：約 55,000 人である。この戦いの後、和平が成立して家康は駿府へ秀忠は伏見に戻ったが、一方では再開戦に備えて国友鍛冶に大砲の製造を命じるなど、戦争準備を行っている。慶長 20 年（1615）3 月 15 日には、大坂に浪人の乱暴・狼藉、堀や塀の復旧、都や伏見への放火の風聞などの不穏な動きの知らせが届く。家康は、浪人の捕獲と豊臣家の移封を再び秀頼に伝達するが、断りの返事があると再び諸大名に鳥羽・伏見に集結するよう命じた。冬の陣で江戸に留め置かれていた黒田長政と加藤嘉明は本人の出陣が許されたが、福島正則は引き続き江戸に留め置かれた。家康が名古屋城に入った 10 日、秀忠は江戸を出発している。

　最後の夏の陣では、幕府軍がイギリス製の大筒カルガリン筒を 4 台、国友製の大筒も数台並べ、本丸に向けて射撃を開始した。一方の豊臣方は、再びの開戦は避けられないと悟った 4 月 12 日に金銀を浪人衆に配り、武具の用意に着手していた。大坂城での籠城戦では勝つ見込みが無いと判断し、一撃にでも総大将の首を討つ機会のある野戦にて幕府軍との決戦を挑む戦略が決定された。

　両本陣は大坂城を攻防する混乱に陥ったが、前記の如く兵力に勝る幕府軍は次第に混乱状態から回復し態勢を立て直した。豊臣軍は多くの将兵を失って午後 3 時頃には壊滅し、大坂城本丸に総退却した。7 日の午後 4 時頃に家康は千姫の救出を命ずる。大野治長は家臣の米倉権右衛門を使者に立てて、家康に千姫を脱出させたら自分と部下は切腹する替わりに秀頼・淀殿の助命を願った。家康は秀忠に判断を任せたが、翌日 8 日に秀忠は秀頼らに切腹を命じた。6 月 11 日には井伊直孝勢は、秀頼らが籠もる山里丸にある焼け残りの蔵を包囲し、午前 12 時頃に鉄砲を放つことで最後の合図を伝え、秀頼ら 32 人は自害をした。結果的に豊臣方は、緊密な連絡を取ることができず奮闘したが苦戦の上、慶長 20 年（1615）5 月に敗戦となり、豊臣家は滅ぶことになる。

4章　秀吉の最後と長浜衆の動向・二勢力の葛藤

　これによって、応仁の乱以来150年にわたって続いてきた戦国乱世が終了し、江戸幕府は6月に一国一城制を定め、武家諸法度の制定などによって支配体制の強化を図り、平和な社会を実現する方向へ歩むことになった。同年7月、幕府は朝廷元号を慶長から元和と改めさせたことで、天下の平定が完了したことを広く宣言し、**元和偃武**（げんなえんぶ）と呼んだ。

　秀吉の妻（**高台院**（こうだいいん）ねね、北政所（きたのまんどころ））は、長浜時代に多くの武将たちを夫の陰になって育てた。彼らは、秀吉の死

図23　高台院像（国重要文化財）　画像提供：高台寺様より許可を得る　注3

後もねねの所へしばしば足を運び、手紙も出している。加藤清正を始めとする尾張三羽烏は長浜時代に小僧から、小早川秀秋らとともに育てた。秀秋は、豊臣政権にとっては厄介者であったが、ねねにとっては血縁の甥として情愛の対象であり、面倒を見て多額の小遣いまで与えた実子同然の人である。
　また、大坂では、関白になった秀次や12歳の頃から質子として預かった徳川秀忠をきめ細かな情愛を注いで育てた故、終生ねねとの交流を忘れなかった。その他大勢の大名の身内の人質男女を育てている。
　主君の信長をはじめ、子飼いの衆は勿論であるが、前田利家、徳川家康、等やその内室などさまざまな人々と同調して世渡りをするのは、見事としか言いよが無い。
　ねねは、常日頃から育てて来た諸将に「武将の意気込みも大事だが、人生は長く生きよ」という事を暗に諭していたように思える。それを守った身内の諸将が生き延び、結果的には家康を助けた事に繋がるのではないかと考える。
　特に長浜時代に本能寺の変で逃避する経験があってから、ねねは、この世は何があるか判らない、将に戦国乱世の時代であるという事を、身をもって経験した。それ故に八方を事無く納めるように苦心して、生涯を送ってきたように思える。秀吉の出世にあたり、義弟の秀長とともに周りを丸く収めるように舵をとった人である。天正16年(1538)に北政所の宣旨をうけ、「従一位豊臣吉子」の官位を授かり、女性として最高の位となった。
　その、ねねを支えたのは、古くから仕えてきた奥女中兼祐筆の孝蔵主(こうぞうす)である。秀吉の時代には、表のことは浅野長政が、奥のことは孝蔵主が、と言われるほどの権威があった。高台院が京都に隠居してからは、何時の間にか家康が召し抱え、徳川秀忠の大奥に使え200石が与えられている。
　慶長4年(1599)9月、大坂城を退去したねねは、京都新城(ほぼ現在の京都御苑、仙洞御所、大宮御所あたりが「高台院殿」屋敷で、その南

4章　秀吉の最後と長浜衆の動向・二勢力の葛藤

方には使用人の住居と思われる屋敷が建ち並んでいた)で、隠棲後の暮らしをし、後に東山の麓の現高台寺付近に移住した。隠棲した場所が「三本木」という説もあるが、それは今の祇園付近である。

　慶長5年(1600)9月15日の関ヶ原合戦の時の北政所ねねの立場は微妙で、合戦直後の9月17日には、家康の命で大坂から駆け付けた兄の木下家定が護衛したが、勧修寺晴子の屋敷に駆け込むという事件があった。合戦後は、引き続き京都新城跡の屋敷に住み、豊国社に度々参詣するなど秀吉の供養に専心した。

図24　　　高台寺開山堂

　慶長8年（1603)、秀吉の遺言であった秀頼と千姫の婚儀を見届けたことを契機に落飾(出家)して、朝廷から高台院快陽心尼、後に改め高台院湖月心尼の院号を賜った。

秀吉から河内国内に与えられていた大名並みの 1 万 5,672 石余の広大な領地は、合戦後の慶長 9 年(1604)に徳川家康から養老料として安堵されている。この時の石高は 1 万 6,346 石余に微増。元和 3 年(1617)には、1 万 6,923 石余に増加している。慶長 10 年（1605）には実母と秀吉の冥福を祈るために、家康の後援を得て、京都東山に高台寺を建立し、その門前に屋敷を構えた。

　先にも記したが、元和元年（1615）の大坂の陣では、「高台院をして大坂にいたらしむべからず」という家康の意向で、甥の木下利房が護衛兼監視役として付けられた。そして、大坂の秀頼への働きかけが出来ない状態で、夫・秀吉とともに築いた豊臣家は滅びてしまう。一方、利房は高台院を足止めした功績により備中国足守藩主に復活する。備中足守の木下家から出た「ねね」関係の一族は、関ケ原の合戦後西軍であった木下勝利や木下利房までも地位を回復し木下延俊、小早川秀秋らと共に家康に厚遇されている。合戦後の家康は、高台院一族を厚遇したがその温情は、秀忠、家光にも引き継がれている。

　過去もこれ以降も徳川家とねねの関係は極めて良好で、幼少期を育てた徳川秀忠は高台院屋敷や豊国社へ度々訪れており、高台院主催による二条城内での能興行が行われた記録もある。また公家の一員としての活動も活発で、度々贈り物が御所へ届けられ、また公家衆が高台院を訪問した。秀吉は以前に、後陽成天皇の弟で智仁親王を幼児の頃に猶子にした事があり、淀殿が嫡男を産むと京都に八条の宮を創設して新邸を建て 3,000 石の封地を贈り、お返しした事もある。親王は、年に 2 回豊国社へお参りされる事が例であった時期もある。如何に豊臣家が、宮中を大切にしたかが窺われる。

　それは、ねねが周りの人々に対して情の力だけではなく、北政所として独立した資産を所有していた事が、背景にある事を考慮しなければならない。ただ、ねねの心に残るのは、徳川家によって自身は手厚く安堵されるが、鐘銘事件以後、秀吉が建てた方広寺や大仏、豊国社が次々と破却されていった事である。

4章　秀吉の最後と長浜衆の動向・二勢力の葛藤

図25　太閤秀吉と高台院ねねの館　飛雲閣(現西本願寺)

　ねねは、寛永元年(1624) 9月6日に、高台院屋敷にて享年76歳(諸説があり)で死去した。なお、最晩年に木下家から利房の一子・利次(一説に利三とも)を、豊臣家(羽柴家)の養子として迎えており、遺領約1万7,000石のうち近江国内3,000石分は利次によって相続された。

5章　血判絵像と大通寺(長浜御坊)の建立
5-1　湖北の仏教信仰と浄土真宗

　湖北の仏教信仰は、一見すると奈良や京都から伝わったと思われがちであるが、そのルーツは古代に若狭湾から上陸した大陸からの渡来人がもたらして伝わったと考えることもできる。彼らは、鉄の溶鉱炉(木之本町古橋に最古のものがある)の技術や湯次(水田に水を引く技術)、錦織(機織り)技術を当地にもたらしたが、それが地名となって残っている。その技術を湖北から湖東、湖南、都の方へ伝えていった事を考えれば、民間信仰としての仏教信仰もそのルートを辿ったのではないかと推測できるのである。

　仏教で言えば深山の山岳仏教として苦行練行の場所や観音菩薩像も存在して、湖北にはその信仰の足跡を多く残している。『日本霊異記』に見られるような『聖』(ひじり)と呼ばれる僧が湖北の霊山の山々に百坊と呼ばれるほどの修行坊舎を多々造っていた。飛鳥時代から奈良時代に行基や円空が己高山や伊吹山の山系を修行の山としたし、越前の白山を開山した僧泰澄の教えが天台白山権現として滋賀県や岐阜県に多く伝えられている。

　平安時代に入ると天台浄土教の発展につれて、迷いの世界である六道(地獄、餓鬼、畜生、修羅、人間、天上界)から衆生を救済するという観音信仰が生まれた。六道輪廻に迷う衆生を浄土に導く為に、阿弥陀仏と共に観音像を造り奉安したのである。特に湖北では、十一面観音菩薩が多く信仰された。時代の変遷とともに飛鳥・奈良時代の鎮護国家の仏教から平安時代の貴族社会の祈祷を主とする仏教、そして鎌倉時代の庶民の仏教信仰へと、滋賀県の地でも移り変わった。ちなみに、観音信仰の西国三十三番札所のうち県内の寺院は、12番正法寺、13番石山寺、14番三井寺、30番宝厳寺、31番長命寺、32番観音正寺などである。観音菩薩に導かれて極楽浄土に往生するという信仰で、巡礼者も多かったようである。、

　湖北では平安時代後期から鎌倉時代にかけて、〇〇山百坊と呼ばれ

た山々に修行坊舎があったが、幾つかは里に下りて寺院化していった。そして室町時代には、天台宗系、真言宗系等々の寺院の多くは信長の兵火に合って焼失している。この時、観音菩薩像を畑や池に埋め隠して難を逃れて後に掘り出され、今日の湖北の寺々に安置されている。天台系の焼失した寺院の中には、阿弥陀仏を本尊とする浄土真宗に改宗して今日に至っているところもある。

　天台宗や真言宗から浄土真宗に改宗した背景には、信長の兵火に合って焼失し灰塵に化した寺院とともに、民衆は信仰の場を失ってしまった事である。この頃に本願寺の蓮如以来、「たとえ罪悪深重の人であっても、念仏を唱えれば浄土へ救われる」という教えが民衆の中にも伝わっていた。観音菩薩信仰から阿弥陀仏信仰への推移である。そして小谷城主浅井家と本願寺の同盟関係から、死活問題として自治自立にするための郷土を守る力と軌を一にして、顕如・教如の布教に同化し、そこに改宗する気運が生まれたと思われる。以前の観音信仰以来、民衆には極楽浄土に生まれたいという信仰心が根強くあり、浄土真宗は将に願いに叶う欣求浄土の宗教だったのである。

　当時の真宗化した寺院ないしは惣道場に入籍した僧は、真宗の教えを受けた僧・俗であり、世襲制ではなかったが門徒と共に新たな念仏の教えを歩む時代であった。したがって、〇〇寺の兄弟や修行僧が分家して新寺（同じ寺号がある）を建立あるいは旧寺に入寺した。また、武士や民衆の信心者が僧になり、住職が入れ替わったりする事が多々あった。この変動期を経て、各真宗の寺院は世襲化することになる。

　このような状況の中から生まれた寺院は、一村一カ寺の所もあるが、戸数の多い村には、寺も神社も多数ある所もある。これは、当時の一族や同家衆がそれぞれに寺院を建てた名残である。したがって、湖北の狭小な地域に約800もの寺院が出来上がったのであり、これも信心の篤さを物語るものであろう。

　滋賀県全体で見れば、湖東、湖南、湖西とも、概ね湖北と同様に前記したような信長の天台系寺院の焼き討ちに会って、後に浄土真宗に改

宗したところが多く、蓮如を経て顕如・教如の教化を蒙っている。そして堅田の本福寺や大津御坊、守山の金森や赤野井御坊、犬上郡の平田、野洲郡の木部・瓜生津、湖西の慈敬寺等、その時代に一大拠点となった由緒が残っている。このような経過から近江国には、急速に膨張する真宗教団の勢いがあった。そして後の滋賀県は、多くの浄土真宗の寺院を創出することになった。

5-2　秀吉の長浜統治と長浜衆の葛藤

　長浜の駅前通りから正面に見える伊吹山に向かって100mほど歩くと、左側の方から御堂前筋の通りが交差している。ここを左折れして正面に見える大きな門に向かって50mほど歩くと、真宗大谷派の長浜別院に着く。**(明治以降は御坊を「別院」と称する)** 東本願寺の御影堂門を模して造られた無礙智山大通寺の三門である。この門をくぐると、正面に本堂、右側に太鼓楼、左側に玄関、寺務所・台所、教務所等の建物が並んでいる。建物の詳細は後述するが、現在は長浜市内の中心地にある。以前には、湖北の真宗大谷派の中心道場であった**総坊**(そうぼう)を前身とし、城跡にあった。それなりの歴史的いわれを感じさせるたたずまいである。

　方二町歩ほど(6,590坪)の広い境内地には、門徒の寄り合い講場も幾つかの棟が三門の両横に立ち並んでいる。北から因講、白洲講、茶所(女人講)、総会所である。お城は廃城になったが現在の地に長浜御坊大通寺が建立されて以来、町は大変な賑わいをみせ、昭和の中頃までは法要の度にサーカスやお化け屋敷、さまざまな見世物小屋、露天商が並んで、湖北三郡の人々が集まる中心の地になった。

　実は、湖北三郡の人々にとっては、この大通寺が建立されて初めて戦国乱世が終り、平和がやってきたと言う思いであった。その事情と長浜御坊の創建について以下で述べてみよう。

　姉川の合戦に勝利した織田信長は、天正元年(1573)に羽柴秀吉(豊臣秀吉)に、浅井氏の旧領であった湖北一帯の地を領土として与えた。

5章　血判絵像と大通寺(長浜御坊)の建立

前項でも記したように、小谷城から20kmほど南下した平野部に、当時、**今浜**（いまはま）と呼ばれる地域があった。秀吉は、この地を拝領した際に信長の名前から一字を拝授し**長浜**に改名したのである。2年ほどは小谷城の山上で暮らすが、尾張に比べた冬の寒さは一際身に染みたようである。山上への登り降りの不便の解消や今後の発展を考えて下山し、びわ湖の畔の長浜に築城することを決めた。秀吉は、長浜へ移転するに当たって信長との永世を、次のような歌に詠んだと伝えている。

図26　大通寺の三門

君が代も我が代も共に長浜の　真砂の数のつきやらぬまで

長浜は、びわ湖を利用した船路にも、中山道から分かれた山裾を通る北國脇往還、湖岸を通る北国街道などの陸路にも便利である。城内

の水門から直に船の出入りができるように造作して、急ぎの上洛にも便利なようにした。築城には、小谷城の解体資材や竹生島宝厳寺の修復に準備されていた資材を集めている。また、小谷城の城下町をそのまま長浜へ移行し、多くの商人や職人を集めて町づくりをした。長浜市内には、現在でも当時の城下町の面影や地名が残っている所もある。秀吉が長浜に赴任した時代に、多くの家臣を新たに召し抱えた。中には小僧の若集もいて彼らを養い、育てながら天下人になっていった。

　秀吉が子飼いにした尾張の武将や湖北の地元から登用した人々、自らの身内衆、妻ねねの身内衆など多くの人がこの城下で暮らしたのであり、現在も殿町、石田町、増田屋敷等々、諸将の館跡が町名となって残っている。秀吉は初めての領国・城下町経営をすることになるが、その町づくりの基礎を長浜時代に醸成した。天正10年(1582)の本能寺の変では、長浜城にいた秀吉一族が姉川上流の山間地を越えて美濃へ避難したことも前記した。

　ところで、前記した大坂石山合戦の影響は、地元民に長浜の城下町をつくる時や、それ以後までも深い心の爪痕を残していた。秀吉が長浜に来たのは、天正元年(1573)であるが、大坂石山合戦の最中であり、それが終結するのが天正8年(1580)8月であるから、この間も本願寺の顕如・教如の檄に応じて湖北の門徒衆は大坂へ加勢に行っていた。

　また、湖北では大坂石山合戦が始まって以来、天正元年9月4日に十ケ寺回書が出されている。

　　江北十ケ寺天正年中制状連判（写）
　一、今度信長一味之衆ヘ向後出相ノ儀堅停止之事
　一、彼衆死去之時勿論参候事一切有之間敷候ニ付志等御取申間敷事
　一、間坊非時衆左様之事可為同前各能可申渡事
　右之旨万一被申候者彼衆可為同罪候此上相背候者忝茂如来上人様可
　蒙罷御罰者也仍而如件　　　（写　湯次文書）「大通寺史」[16]

　天正元年9月4日に信長一味衆に対して、一切の交際を断ち、一味衆の葬儀やその他の仏事の事にも参加せず、布施の喜捨、お斎（食事）

や点心など、一切受けないという誓約を湖北十カ寺から回書で出している。この回書の十カ寺は、福田寺、福勝寺、真宗寺、浄願寺、称名寺、誓願寺、順慶寺、金光寺、中道場、箕浦誓願寺で少し入れ替わっている。厳しい掟の内容であるが、どれ程守られていたのかは疑問である。例えば、前出の称名寺性慶は秀吉の配下にあり、町衆も後述のような秀吉への協力を惜しまなかった。この回書の意味は、先人によれば僧俗に制裁を掛けるのではなく、結束をはかるために出されたと解釈されている。

そして、国友から鉄砲を仕入れて鉄砲衆を編成し、石山合戦で信長打倒に参戦していた。姉川の合戦で湖北の門徒衆は主君の浅井長政と小谷城を亡くしたが、信長を敵として信仰の基である本願寺を継続して死守するために軍資金や従軍兵を送りつづけたのである。

その事を次の「河崎司郎文書」から知る事が出来る。

従御所様　御報候儀、高島にて被仰越候之處、各為馳走被相済之旨、尤神妙被思食候。則被成下御印書候。別而有難被存可有頂戴候。次私へ鳥目三十疋、上行候。無冥加次第候。尚行宗へ申渡候間、可為演説候。恐々謹言。

　（天正五年）閏七月四日　　　　　　　　治法　頼亮（花押）
　　江州長浜　御年寄衆中
（返書）
　尚々、格別而馳走付而、各々ニふた御印まて被遣候。
　　　　　　　　　　是又御披露尤候。　以上

湖北十ケ寺や各講宛てに本願寺の顕如から多数の檄が発せられているが、上記の手紙は、長浜の年寄衆に本願寺の下間頼亮（坊官：事務方）がお礼状として出したものである。この手紙から、長浜の年寄衆が戦費や物資を送ったのを知る事が出来る。秀吉には内々の極秘であったと思われるが、新しい領主に背く大胆不敵な行動と言わざるを得ない。

ところで、信長の配下にあった秀吉は、自分の領国の人々が大坂まで来て敵対して応戦するのを何と思ったであろうか。この頃、顕如の

檄に応じて大坂へ行って参戦した息長村岩脇の明徳寺圓願は戦功を挙げ、八幡中山の徳満寺明恵は、天正8年(1580)2月に戦死した事が両寺の記録に残っていると伝えている。家康が三河の一向一揆で家臣と敵対して同じ目にあった事がある。後の家康はこの教訓を肝に銘じて、以後は一向衆との穏便を計算に入れた行動をとっている。

　幸いに秀吉はこの長浜城に家族や幼少の家来を残し、信長の先兵として北陸攻めや中国攻めへと出向き、留守が多かったので湖北門徒の動きを見逃してきたのであろうか。また、秀吉は石山の戦場にも常駐することは少なかった。むしろ、天正4年(1576)頃からは信長の命で2万の軍勢を率いて播磨国、但馬国、因幡国、丹後国、姫路、鳥取などの戦場を渡り歩き、わずか5年の間に5か国を平定した。天正5年(1577)には信長から播磨国を領地として貰っている。同年には町年寄の十人衆の下村蕃助が播州に使者を送って慰問している。また、吉川三左エ門の親戚筋の吉川平助は日本海の船頭で一味をまとめ、秀吉直参の水軍として活躍していた。

　天正9年(1581)4月10日に信長が近衆数名を連れて長浜城に来て、竹生島へ詣でている。日帰りであるが、秀吉が活躍する戦勝の吉報を家族にも知らせたのであろう。長い間長浜を離れていた秀吉は、同年12月21日に帰国して、安土城の信長の所へ中国攻めの報告に行き、信長に大いに褒められた。

　この時代に長浜衆が苦渋の難儀をした資料としてP.19に、図9　血判南無阿弥陀仏　絵像(画像提供：半田市浄顕寺)を取り上げた。そして、ここでも同寺の図27　血判南無阿弥陀仏　絵像、図28　血判南無阿弥陀仏絵像の裏面署名画像を取り上げた。これを一般には、伊勢長島一向一揆と関連付けた資料だとしていた。また、長浜の郷土史家や戦国史研究家の先生方がなぜ、このようなものが書かれたのかは不明であるとしている。

　この血判状は、間違いなく長浜城下の町名が書かれており、長浜町衆が署名したものである。以下では、筆者の見解として、何故この血

5章　血判絵像と大通寺(長浜御坊)の建立

判状が書かれたのか、また、そこには長浜衆にどのような苦難と葛藤があったのかを明らかにしておこう。

　本書の中では、一向一揆について何度か繰り返して自治自立の領土を作るための戦いであり、特に湖北に於いては、その拠り所を浅井長政や本願寺に求めた事を記してきた。戦国の諸大名の合戦は、領土の争奪(そうだつ)であり、一向一揆の戦いとは目的が異なるのであった。

　湖北の要であった小谷城が落城して浅井家は滅びたが、その郷土を守る意思は本願寺の護持に踏襲されていった。とは言え、浅井家が滅び扇の要を無くした民衆は統率力が緩んでいたに違いない。そのような中へ、皮肉にも敵対する信長の手先であった秀吉が、長浜城主として君臨した。総力を挙げて命を掛けて血みどろで姉川合戦をした相手である。信長は湖北の民衆の気質を知ってか否か、秀吉を抜擢した。他の武将であれば湖北衆が、再び城主に背いた反乱を起こしていたかも知れない。しかし、懐柔策を得意とする秀吉が着任したことは、湖北の民衆にとって何とも、申しょうがない思いであったに違いない。

　前項にも記したが、秀吉が領主になった時、湖北の民衆・長浜の町衆は動揺し、長浜城主に添うべきか、本願寺の護持に専念すべきか、どちらに就けば良いのか迷ったはずである。その時期は、天正2年から4年にかけて、秀吉の城下町整備計画が進み、住民を次々と移住させて町が整いつつあった時である。また、築城作業に湖北の民衆を駆り立てて建築ラッシュに入った。誰もが秀吉という人に接すれば、人柄を見てそちらになびく事は必定であろう。まして、築城作業の手間賃は無料奉仕だったかも知れないが、もし弾んで貰えたのであれば、喜んで手下になる事は何の不思議もなかった。

　しかしながら、この間も信長は、戦の手を緩めることなく伊勢長島の一揆で一向衆が壊滅させ、越前の一揆で一向衆を壊滅、いよいよ本丸の本願寺の壊滅作戦にかかった時期である。

　この事を知った湖北の民衆は、秀吉の一時の甘い誘いに乗るべきではないと判断したのであろう。そこへ本願寺の顕如からは、再三の援

軍要請が来ており、一揆の戦場には、「信長に対する戦いに立ち上がらない者は無間地獄に落ち、参戦した者は極楽往生が間違いない」とまで意味する（「進者往生極楽　退者無間地獄」）旗が建てられていた。そこで長浜の町衆は動揺を抑え、民意を統一すべく本願寺への要請に応えて血判状を書いたのである。それも、並みのものではなく、阿弥陀如来絵像に署名血判を押して提出するという、前代未聞の異例のものにしたのである。図28に示す如く、町名毎に署名されており、近郷の村人の署名もある。「北町西」「北町東」「瀬田町立町之衆」「かなぐや町之衆」「いなり町」「八幡町之衆」などの名前があり、町毎に署名がなされている。

図27　血判阿弥陀仏絵像　　画像提供：半田市浄顕寺所蔵　注2
この絵像の裏面には、下記の様な署名と血判が押されており、血のにじみが表にも出ている。縦42 cmと横18 cm。

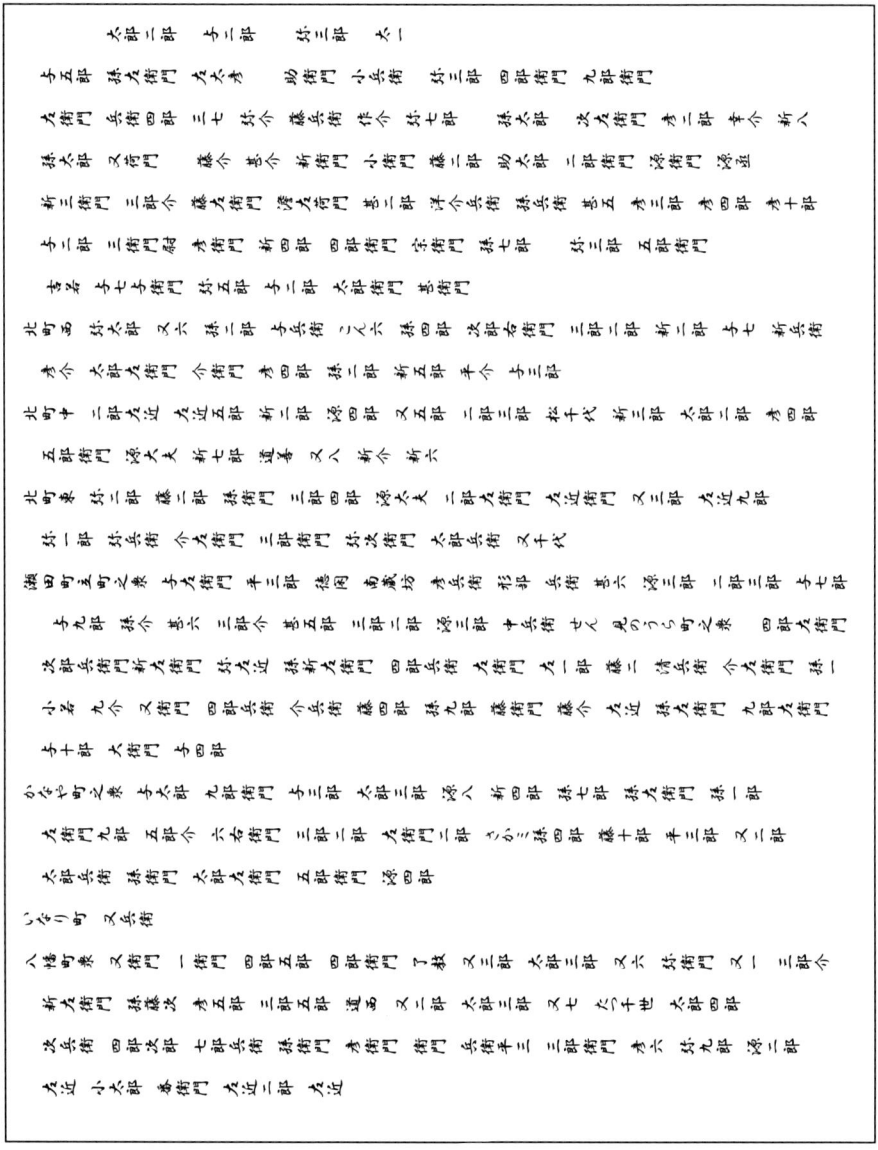

図 28　血判阿弥陀仏絵像の裏面署名　画像提供:半田市浄顕寺所蔵　注 2

絹本着色　阿弥陀仏絵像の表や裏に書かれたものが図9、図27の2幅である。大きさは、約二百代であり、湖北では通常の座敷の一間床に入る仏壇に掛けるサイズである。という事は、既にこの頃に浜壇(長浜で製造の大型仏壇)が普及し始めていた事を物語っている。そして、本尊が六字名号ではなく絵像であったという事は、その当時に相当の信心深い人が多々居たという状況を知る事ができる。何故かと言えば、その頃のお寺でも絵像を下付されている寺院・道場は少なく、まして木佛はそれ以後の下付だからである。このように考えると、湖北の民衆への真宗信仰は相当、浸透していた事をうかがい知る事が出来る。

　そして何よりも大切な仏様に署名するという事は、この上ない決意を表わすものであった。この血判署名を提出する事によって、本願寺に、あるいは他国地域の民衆に、湖北の他地域の民衆に、長浜衆は秀吉の配下になったのではないという事を訴えて、二心の無い事を知らしめたのである。署名に長浜衆が多いのは、秀吉に優遇された長浜以外の湖北民にも疑心を持たれて相当に強い突き上げがあったのであろう。この苦難の疑心を払拭する為の苦肉の策が血判だったのである。当時の湖北・長浜衆の本願寺支援は、証如の番衆時代から続いており、しかも鉄砲を持つ集団として強力であり、本願寺の期待は大きかった。

　当時の鉄砲の入手は堺の商人から、あるいは根来衆、長浜衆、後はよほど財政の豊かな地域の一向衆に限られていた。長浜では信長の国友鉄炮の製造販売統制をかいくぐって、入手が可能だったのである。

　以上のように窮地に立った長浜の町衆・湖北の民衆は、他国の疑心を払拭して、命をいとわず大坂石山本願寺まで行ったのである。そして、その彼岸は仏法を基盤とした自治自立の領土を作ることであり、延いては信仰の要となる長浜御坊大通寺を建立する事であった。

　その悲願の成就には、以下の様な諸事を経なければならなかった。天正10年(1582)6月2日に本能寺の変で信長が横死した。秀吉は信長の弔い合戦、山崎の戦いで勝利し6月27日に清須 (きよす) 会議が開かれた。信長の葬儀を秀吉が京都の大徳寺にて一万貫文の巨費で執行し

諸大名を驚かせた。清須会議の結果では、三法師(3歳)が織田家の家督を継ぎ、叔父の織田信雄と信孝が後見人となって堀秀政が傅役に付き、執権として羽柴秀吉、柴田勝家、丹羽長秀、池田恒興の4重臣が補佐する体制ができた。この時、清洲会議の決定によって長浜城は柴田勝家の甥(養子)の勝豊(かつとよ)が城主となる。秀吉は長浜を一旦は柴田勝家に明け渡し、一家は親しみのある長浜を離れて姫路城に移転した。

しかし、早くも同年の11月には、柴田勝家と秀吉は交戦状態になり、勝豊を降伏させて長浜城を取り返し、賤ケ岳(しずがたけ)の合戦の拠点にした。秀吉の長浜支配は10年ほどの間であったが、この間の状況を見ると、長浜の町民も信長は大敵と言いつつも、その部下である秀吉には露骨に敵意を見せるほどではなく、重厚を使い分けていたようである。それは、姉川の合戦の時に信長は、湖北の水田をことごとく青田刈りして兵糧米に奪うような、百姓を苦しめる事を繰り返してきたのである。これに比し、秀吉は百姓を保護し、商人を商売繁盛に導き、神仏を信仰して保護し、対話を重んじる姿勢が長浜の町民を信服させていったのであろう。その典型が、賤ケ岳の合戦の時である。長浜町民は15歳から60歳までの男子がことごとく秀吉に従軍して、兵糧・弾薬・兵具の運搬等にあたり、戦闘に参加する者もあり万端の至誠を尽くして支援した。この功で長浜の領地の300石の年貢を免除され、江戸時代末期まで朱印状で守られた。その領地は、長浜領と記した角石数十本を建てたが、今もそれが所々に残っている。

同時期、秀吉軍が大垣から木之本の賤ケ岳まで大返しをする北國脇往還の沿道の地元民に松明を灯し、握飯、お茶、酒、馬の餌等を提供させた。沿道の人々は何の抵抗もなく秀吉軍に支援したのである。ここにも、秀吉の温情に対する湖北人の受け答えが信長への恨みと違う形で出ている。この流れで分かるように、本願寺は信長と和睦をし、石山本願寺は炎上した後の事であるが、湖北の民衆が賤ケ岳の合戦には秀吉に惜しみない協力をしている。秀吉は賤ケ岳の合戦で柴田勝家を亡ぼし、天正11年(1583)11月には天下人となり、合戦後、暫くして秀

吉は大坂城へ移ることになるが、地元民の秀吉ひいきは続いた。

　その陰には秀吉の家族が長浜に在住の間、親しく民意を捉えていた事も大きい。秀吉の母は名古屋言葉を丸出しで話しかけ、妻のねねは子ども達を相手に遊ぶ微笑ましい姿を、長浜の町民もどこかで見かけ庶民に限りなく近い殿様を親しく思っていた様子が窺がえる。

図29　　　長浜領の角石

　その後、天正12年（1584）長浜城は**山内一豊**（やまうちかずとよ）が、城主となる。一豊は尾張の出身であったが、姉川の合戦で功を上げ信長から三十石を与えられて当地に住んだ。現米原市飯村の若宮喜助（元浅井の家臣）の娘（千代：お松）を妻にした。「**将を射んと欲すれば先ず馬を射よ**」との教訓があるが、木之本の馬市場で名馬鏡栗毛を求めた時、妻が鏡底に秘めていた10両を渡したのは笠の緒文とともに有名な話である。後に出世をして秀吉から二万石を与えられて、長浜城主となった。13年（1585）に大地震があり、城の敷地の一部が水没して城が全

5章 血判絵像と大通寺(長浜御坊)の建立

壊する。一豊の娘が怪我をして亡くなった。天正18年(1590)に一豊は掛川に加増移封され長浜は一時廃城になる。慶長11年(1606)には内藤信成（ないとうのぶなり）、内藤信正らが城主になった。その後、元和元年(1615)の大坂の陣後に内藤氏は摂津高槻に片桐且元の跡へ移封される。

小牧・長久手の戦いでは織田信雄・徳川家康軍を破り、後の紀州征伐等、幾つかの戦いを経て、天正13年(1585)7月11日に従一位・関白宣下、内大臣に任命される。勿論、この時は、長浜衆もお祝いに駆け付けたに違いない。

記録にあるのは、その後のことであるが、天正16年(1588)に秀吉は聚楽第を建てて移り住んだ時の事が伝えられている。この折に、長浜治政の三役であつた前記の十人衆は、伏見へお祝いに出かけた。秀吉は喜んで迎えたが、十人の姓を一首の歌に詠みこんで祝いの言葉にしてみせよと命じたようである。

　　いにしへは木下なりし藤吉も　　今崎花の大口の宮

十人の姓の一字を含めて歌に詠み、秀吉の弥栄を讃えたと伝えている。秀吉が長浜城を築いてからは、湖北の経済や産業の中心が長浜へ移り大いに発展したが、その後も順調に賑わった。なお、天正19年(1591)に秀吉は関白を後継の秀次に譲った。

再び留守となった長浜城は廃城になり、彦根藩の領地に組み入れられ、併合される。長浜城は跡形もなく取り壊され、この時に解体した石垣など多くの材料は彦根城の築城に使われ、天秤櫓（てんびんやぐら）も長浜城から移したものと伝えられている。また、今日に伝わる長浜城の面影は、大通寺の台所門が城の大手門を移したものと伝えられ、今でも矢尻の傷跡を見ることができる。同市内の知善院の表門は、城の搦手門（からめてもん）を移したものと伝えられている。城跡の豊公園には、湖面にある太閤井戸もその一つである。後であるが竹生島の宝厳寺には、秀吉の遺命として大坂城の唐門などが移築されている。また、現在の長浜城は、昭和58年（1983）に市民の熱意と寄付金などで建設され、内部を歴史博物館として開館している。

5-3　長浜御坊の建立と歴代住職

　前記では、湖北の一向一揆、大坂の石山合戦に孤軍奮闘をして信長と戦ったことを述べた。そして、その決意が血判阿弥陀如来絵像であり、本願寺と無二の関係をつくった証が大通寺御坊の建立であった事を述べた。その事が、近くに五村御坊があったにも関わらず、大通寺御坊を建立しなければならなかった事情としてご理解頂けたと思う。つまり、湖北の地を自治自立の仏法領の如くにしていこうとする、その気質が人々の安住を仏法に求める湖北民衆の**土徳**となり、地域の風土となっていたのである。以下では、大通寺御坊の建立に至る過程について述べよう。

　長浜では、『近江国坂田郡志第六巻』[9]によれば、山内一豊の後、廃城となっていた旧長浜城跡内に方50間の境内地をとり、方8間の長浜御堂と呼ばれる**総会所**(総坊、桁行9間半、梁行7間半)を設け慶長元年(文禄5年)(1596)の正月14日に湖北教団の代表が集まった。そこでは、前年に教如から拝受した「季秋十四日」付けの消息を読み、これを機縁として毎月の14日には法要後、談義や講米金を集める場所とした。いわゆる湖北十四日講の始まりである。

　実は、この総会所の建立以前に石山合戦以来、湖北三郡の僧俗が顕如・教如の檄を受けて、軍事に参戦・軍資金の調達・鉄砲隊の編成等、従軍する事が再々あり、その集まる場所として総会所を設けた。長浜の町年寄や主だった僧俗が一か所に集合する場所として建立したようである。その場所は今日も不明であるが、その建物を文禄3年頃に城内に移した事になる。

　その後の城内の総会所は狭小であったが長浜御堂と呼んでいたが、内藤信成が慶長11年(1606)に長浜城に移封された際に、長浜御堂は現在の鐘紡町の湖岸に移転した。そして、門徒衆の集会所である**白砂講**の建屋(桁行4間、梁行3間)を増築した。**湖畔**に長浜御坊が建立された時期である。この時、慶長11年10月の教如の書状と考えられるものが市内の寺院に伝えられている。

5章　血判絵像と大通寺(長浜御坊)の建立

態申候。長浜御堂屋敷替候由、各諸事馳走肝要ニ候。就イテハ、安心ノ一義、其所許達背ナキ様(中略)猶粟津右近可申候。　　教如御印
　　江州坂田郡惣坊主衆中
　　　　惣坊門徒衆中
　　　　　　十月二十四日

　最初の長浜御堂の時から本願寺の教如は、長浜を御坊格として建立することを推奨していた。上記の書状は御堂が移転できて何よりである、との内容であるが、教如の印がある事から長浜御坊の創建が、教如であると解釈する説もある。また、この琵琶湖畔から後に石田屋敷に移転する時には、その子の宣如が推進したので、御坊の開基を宣如であると解釈する説もある。

図30　宣如絵像　江州上浅井十四日講中

なお、湖畔へ御堂が移転でき、年々の報恩講を勤めるにあたって、宗祖の御絵伝が無く、長浜の住人の今村空心が苦心の末．元金を出し寄付を集めて寛永4年(1627)8月に本願寺から下付してもらった。この事から年々の報恩講には今村家が、御堂の余間に番氏として出座する習わしになっていた。今村家は、元浅井の家臣で先祖は会津出身の武家だった家柄で、その分家が蝋燭屋を家業としてきた会津屋である。

　慶長7年(1602)2月には、徳川家康が教如に本願寺別立の構想を伝えた事は先にも述べた。そして家康より京都東六条の土地を寄進され、本願寺が分立される。本願寺第十二代教如を開基として東本願寺が創建される。当時の伏見城の舎殿は家康から教如に贈られたもので、その資材で本山の仮御堂を建立した。

　東本願寺第13代宣如は、慶長9年(1604)2月生まれで、三代将軍家光も同年生まれである。慶長19年(1614)10月に教如は没したので、宣如は11歳で留守職(本願寺住職)を後継した。東本願寺は、寛永18年(1641)には将軍家光から従来の寺地に加えて、東洞院以東から鴨川までの土地(渉成園:枳殻邸を含む)の加増の寄進を受けている。

　その後、東本願寺は仮御堂が狭小である事から、承応年間に再建願いを幕府に申し出ている。承応元年(1652)6月には、家光将軍から富士山山麓の巨木を本願寺用材として寄進を受け、阿弥陀堂、御影堂等の再建をした。そして、本願寺の新築にあたって旧本堂(伏見城の遺構)が長浜御坊に来ることになる。長浜御坊の本堂の用材として運んで、建設したのが現在の長浜御坊の建物である。

　さて、ここで前記の血判書の意味が出てくる事になる。湖北民衆は本山に無二の思いであり、本願寺側は京都に近いという事もあったが、徳厚頑強な門徒の地盤に御坊を建立し、その寺院にお控え連枝を住職として在住する事を決めた。それは、本願寺の住職に支障があれば、お控え連枝を戻して本願寺の住職にするという事である。湖北民衆にとってみれば、充実した御坊建立は願っていたことである。そして、本願寺の御連枝を人質に預かるという、全国でも**格別の御坊**としての

位置付がされる事になったのである。

　その最初の事例として、長浜御坊大通寺の第2代　霊蔵院　琢澄は、大通寺で誕生した長男であるが、住職になる事を地元寺院が拒否し、新たに本願寺からお控え連枝を住職に迎えている。この時、湖北衆が何故お控え連枝に固執したのかはわからないが、本願寺とは**血判書**以来の堅い申し合わせがあったのであろう。湖北の寺院が賛成・反対の2派に分かれて物議を醸しだすほどの争議になっている。また、本願寺に連枝が無い事例としては、大通寺の第6代　明達院　乗徳を、彦根藩の井伊家から迎えている。そして、大通寺の第8代　霊心院　達住は、天保12年(1841)法嗣(法主後継者)の長兄・寶如が死去したため、30歳の時に本願寺に戻って、名を厳如(諱光勝)と改めその後に、第21世の法主(住職)に就任した。また第5代　横超院の継職は例外である。

　このように本願寺と湖北の門徒衆は、堅固な関係を築いて長浜御坊大通寺を相続することになる。話を建立当初に戻すと本願寺の再建に先立って、慶安2年(1649)に東本願寺宣如の三男(長男が早死し次男が本山を継いだ)の従高(霊瑞院)を将軍家光の了解を得て、長浜御坊の初代の住職にした。

　この事は、彦根藩の時代になってからであるが、御堂の寺地を湖畔から現在の地に移転して再建する話が出てくる。これは、本願寺の再建に合わせた話であった。長浜御堂の移転候補地として、当時の宮村の石田屋敷が最有力であった。長浜御坊大通寺の現在地には、元は舎那院や八幡神社があった地所で宮村と呼んだ。秀吉の時代に、家来の石田三成等を城の近所に住まわせるため、これらの寺社を立ち退いて東の現在地に移した。今の御堂前を過去には石田町と呼んだ事や、正保2年(1645)11月の記録には、長浜十二組の名が出ている。八幡神社祭礼の山車は組別12台である。当時の石田町とは、御堂前町のことであると註してある。これによって寛永15年(1638)以後に御堂が移された事が解る。長浜御堂はこれで三度目の移転となる。

　関ケ原の合戦後、旧石田屋敷は鈴木久次郎が所有していたが権利放

棄して御坊用地にあてたのである。鈴木家は顕如の侍役を勤めた十里町住人で仮御堂の瓦を一寄進して直参門徒にもなった家柄であった。これに際しては、三郡の僧族や福田寺等がこぞって、建立の許可を本願寺に願い出た。故教如の方針も全国に御坊(別院)を建立する考えがあったので、容易に許可が与えられた。また、当時は、寺院の建立にも寺社奉行に伺いを立て、幕府の許可が必要であった。

したがってこの石田町も幕府への上申には彦根藩の甚大な支援を得て、宣如の開基の御坊として敷地の拡大と長浜御坊の建立を願い出たのである。寛永16年(1639)に本願寺の宣如が彦根藩の大老井伊直孝を通じて将軍家光の許可を得ることによって移転が決まり、正保元年(1644)に本堂が完成する。

この建築の敷地面積は、旧石田屋敷の用地60間に40間程であったが、80間に60間(6890坪)の広さに拡張する許可も大老井伊直孝を通じて将軍家光の認可を得たものである。

この移転の時の話が「お花狐」として次のように伝わっている。移転の反対派が徒歩で京都の本願寺に行く途中に、野洲川付近まで来ると大雨による洪水に遇い、川が渡れずに茶屋で逗留した。宿では、綺麗な「お花」と言う娘の持て成しを受けて、長居をしてしまった。2泊ほどしてやっと洪水が引き、ようやく川を渡って出発した。しかし、反対派が京都に付いた時には、移転の参成派が海路を船で先に行き、本願寺から既に許可を得た後であった。仕方なく反対派は帰路に就き、野洲川まで帰って来た。そして逗留していた茶屋を探したが何所にも見当たらず、ただ草の生えた野原が広がっていただけだったという。

それは、石田屋敷に住み付いていたお花狐が、新御堂の移転で安住の地を得たいと、反対派を阻止するために野洲川まで行ったのではないかと言う話である。この伝えが今日まで伝わり、代々の輪番が交代の時、別院の大広間の天井に、お花狐様への油揚げを供えたのである。油揚げを供えない輪番には、お花狐が様々ないたずらをしたという話まで残っている。この他にもお花狐にまつわる話は種々、残っている。

さて、御坊の建立にあたっては、承応年間（1652年～1654年）に前記したように、本山から伏見城の遺構を長浜へ移築して現在の建物が出来たと伝えられる。伏見城の遺構とされる本堂や大広間などの建築物（国の重要文化財）や、含山軒庭園と蘭亭庭園という２つの庭園（国の名勝）が造られた。このほか、歴代の途中には彦根藩からも住職を迎え、その折に増築された新御座には、丸山応挙や狩野山楽・狩野山雪らの障壁画等も描かれ、貴重な文化財を多数保有する寺院となった。

元和9年(1623)に宣如が九条幸家の長女成等院と結婚した事がきっかけで、幸家のお抱え絵師、狩野山楽の絵画が東本願寺に多数伝わっている。この関係で、長浜御坊大通寺にもその絵画がある。

大通寺の創建に事が上手く運べたのは、教如の後を継ぐ宣如、家康の跡を継ぐ秀忠・家光の友好関係が伝承していたからである。将軍職を家光が継承した事も本願寺や長浜御坊衆にとっては好都合であった。さらには、江戸城の大奥に居た春日局と寿林尼（じゅりんに）の後押しも大きく影響したと思われる。

寿林尼が長浜御坊の創建に多大な尽力をしている。その頃の書簡が長浜御坊大通寺に二通保存されている。その形跡を大通寺保存の書簡から見てみよう。ちなみに寿林尼は、宣如上人から帰敬式を受けて名乗った法名である。

　　寿林尼　書簡（判読）()は筆者挿入

霊瑞院様より御書下され忝(カタジケナ)く候。仰せられ候如く春の御目出度思召候事祝入り候。

長浜御屋敷の御事かりそめの様に御門跡様仰せ出され候処、早々相すみ御やしきも、ひろく相成り申候。御満足に思召され候との事。わたくしもお悦び申上候。

掃部殿へ参り、わたくし百姓(平民)にもなり候はんと申して、数々おねい申事にて御座候。掃部殿御申候は、長浜に霊瑞院様御座候はでは、御寺ふつき（沸起）いたし申すまじく候まゝ、一年のうち京に一、長浜に二は御座候様に私より申候へとの事に御座候。

とてもの事に寺地の御朱印も進じたきよし御申候まゝ、所の地頭御肝煎候て、両寺社（寺社奉行）へ仰せ入られ候へば、御朱印もすむ事にて御座候まゝ、御肝煎して玉はり候やうにと申事にて御座候。とてもの事に掃部殿御肝煎候へかしと存ずる事にて候。
　自然知行も加はり候へば、末々迄の為にて御座候。御朱印も進じたきと御申候て、大方ならず御ねん比の事にて、誠に忝（カタジケナ）きと申もおろかに御座候。いよいよ芽出たきことにて候、
　右の通り何も何も宜敷御披露玉わり候へ。
めでたくかしく　　　　　　　　　　　　　　　　　　　志ゆりん
　　れいすい院様
　　　　たれにても御中
　この書簡によって寿林尼（俗名は阿寿か?）が宣如と知り合いの中である事も明かであり、御坊の敷地が広くなったことも解る。、また、初代住職霊瑞院（連枝）がお若い為に京都へ帰られ御坊に常駐せられなかった事も解る。
　　　　　覚
一、為御坊敷地三拾六石四斗六升七合永代足寄附者也
　　　　　　　　直　孝　印
　　　長浜大通寺へ
更に、四代目直澄より御堂屋敷にて七石の加贈があった。

　寿林尼　書簡（判読）（）は筆者挿入
　新門跡様九月御せうこうの為成られ候へばたくさんにはならぬにて御座候よう御下向遊ばされ候に付、文下され御中の事にて御座候悉く存じ候
　新門跡様今年は御門跡様四月御下向の折節両度まで御下向遊ばし両御所様（秀忠と家光）へ御意なされ候は御屋敷たとえ三間五間広く候てもあまり御役にも立たせられ候はぬ事、万御首尾よく御座候て筒様の御屋敷替地に御とり候て御座なされ目出度事御座候はずと御不便にて御屋敷御返し分にてもよきと御意なされ、聞かせられ御満足遊ばされ候はんと存ずることにて御座候又私迄も

芽出度存ずる事にて御座候
　長浜の御事柄も殊の外よく、殊(事)の外よき御屋敷の由にて一入芽出度存じ
参らせ候　御座候ま々此の通り如何程もよく仰せ上られ下され候
　余り屋敷沢山に遣わし候事も如何にて尚詳しくは主膳殿へ申付け候事
縦卅間今の御殿数より広く遣わし候はんと掃部殿申され候御事にて御座候へ
ば、横七十間縦八十間にて御座候ま々今ちと狭く御座候とも御堪忍
　　めでたくかしく　　御返事迄
　　　　　　　　　　　　志ゆりん
　れいすい院様にて人々へ申上

　これらの書状が何年のものであるかは不明であるが、**春日局は寛永 20 年(1643)**に亡くなっている。霊瑞院が住職になった時とすれば、寛永 16 年(1639)で、慶安元年(1648)に本願寺の宣如が継職の願事のため江戸城で家光に面会参上している。長浜御坊が建立される前に出された書状であることは間違いない。寛永 16 年から慶安元年の頃の手紙である事は確かである。(頻繁に手紙を交換する時は年号を書かない事も多い)。

　さて、以上の様な経過で長浜御坊大通寺が創建できたのであるが、長浜の町民にとってみれば、姉川の合戦以来、織田信長を敵として戦い、その家臣の羽柴秀吉を敵方として対峙してきた。秀吉が長浜領主の時は、10 年間程ではあるが町民には苦しい対応を迫られたのは、大いに理解できる。領地の長浜に於いては領主であり従属関係にあるが、対本願寺との関係においては敵である。このような中で、湖北の人々がいかに信仰心を大切にして来たか、という事が明確に出る期間であったと思われる。今日の安易な考えであれば、長浜領主になった秀吉に媚びして接近し、対本願寺は二の次に対応したであろう。しかし、そうはしなかったところに、湖北の人々の真宗信仰の深さがあり、キリシタンが殉教した純粋な信仰心に共通するものがある。

　その従属と敵対の期間も、信長が亡くなると敵意は薄れ、秀吉が亡

くなると偉大な天下人になった旧領主への親しみも深まり、家康の天下になると為政者との距離は遠くなって、身近な支配者である彦根藩の藩主への繋がりを深める事になる。また、真宗の本願寺の関係で視れば、秀吉は堀川七条に土地を寄進して大坂にあった本願寺を京都に移した。家康は、烏丸七條に土地を寄進して本願寺を東西に分離して、東本願寺を創建した。この二人の天下人の行動を考えれば、本願寺を擁護した十分な処置であったと言えるであろう。したがって、これを湖北の一向衆は、満足な処置であったと感謝することが二人の天下人への思いになったと思われる。

　そして、湖北の僧俗は、ついに真宗信仰の要である本山の東本願寺と深い関係を構築することになる。それは、全国の他の御坊にも例を見ない「お控え御連枝」を住職に迎えるという別格御坊の創建となる。先にも述べたがお控え御連枝とは、本山の住職の次男が長浜御坊の住職となり、長男に事あれば本山に帰って住職になる継職者である。事実として歴代の中には、そのような住職もおられたし、長浜御坊で生まれた長男が後を継がず、お控え御連枝に住職を譲った時代もある。

　このような制度は、本願寺が湖北の寺族・門信徒に絶大な信頼を寄せていたし、湖北の寺族・門信徒も本願寺に絶対的な信頼関係を結んでいたからである。例えば、本山の護持費（経常費）は、平成の時代になるまで、一戸当たりにすれば全国の中で最も高い負担割合を上納してきた。また、本山が火事になれば、一番に再建に駆け付けるという事や、年々の本山の法要には、団体で参拝する習慣が根付いていた。逆に、長浜御坊の主な法要には、本山の門首（住職）がお参り（御親修ごしんしゅう）に来られるという関係が続いてきた。

　前にも記したが宗祖の御絵伝が長浜御坊に無く、今村空心が苦心して寄贈した事や、町の十人衆らが御坊さんの直参門徒として、また、湖北の寺族・門信徒が一丸となって護持した事がうかがえる。つまりは、長浜御坊の建立は、湖北の一向一揆以来、自営自治を目指してともに真宗の教えを要とした平和で安堵できる地域社会（仏法領）を作ろ

5章　血判絵像と大通寺(長浜御坊)の建立

うとした活動の象徴であったと言えるであろう。
　以下に、中沢南水著『長浜御坊三百年誌』[6]と『坂田郡志第六巻』[9]を参考にして、両著の誤記を正しながら長浜御坊大通寺の歴代住職を挙げておこう。

大通寺(長浜御坊：長浜別院)歴代住職

開基　東本願寺第13世　東泰院宣如　諱光従　万治元年(1658)寂
初代　霊瑞院　宣澄　諱従高
　　　　父　東本願寺第13世　宣如　　母　九条左大臣幸家の娘
　　　　寛永3年(1626)生まれ　寛永16年(1639)8月13歳で入寺
　　　　妻　水無瀬中納言の女　喜佐子(片桐且元の娘の養女か?)
　　　　父の宣如が彦根藩を介して幕府に御坊の地替えと拡張を請われ是を許可された。それによって前記の如く現在地に本堂・諸殿を建立した。
　　　　慶安元年(1648)福田寺他16カ寺また、慶安2年(1649)に箕浦誓願寺他11カ寺が西に転派
　　　　延宝8年(1680)11月　54歳で寂
第2代　霊蔵院　琢澄　諱瑛高
　　　　父　霊瑞院　　　母　水無瀬中納言の女　喜佐子
　　　　正保4年(1647)生まれ　延宝8年(1680)住職　34歳
　　　　但し、訳あって暫く犬上郡芥ｱｸ谷村水谷の浄願寺に隠居
　　　　　二男一女があった。宝永7年(1710)頃復帰するが、再び隠居した。その理由は、本山のお控え御連枝が住職になるとの申し合わせだとして、承諾しない湖北の寺院が半数ほどあった故である。この時、何カ寺か西に転派した。
　　　　正徳2年(1712)66歳で隠退
第3代　能令院　一源　諱海高
　　　　父　東本願寺第16世　一如の嫡男
　　　　延宝2年(1674)生まれ　貞享5年(1688)4月14歳で入寺
　　　　宝永元年(1704)10月6日30歳で寂

　　　　妻　慈演院円澄　　宝永3年(1706)34歳で寂
第4代　超絶院　一応　諱海徳
　　　　父　東本願寺第16世　一如の五男
　　　　天和3年(1683)生まれ　　元禄15年(1702)19歳で入寺
　　　　享保10年(1725)五村御坊を芦葺き六間四面から銅板葺き(江戸本町薬種業の近江屋茂兵衛が屋根銅板寄進)十三間四面の本堂に改修
　　　　元文元年(1736)長浜御坊の本堂改修後、遷仏法要を盛大に行う。元文3年(1738)姫路御坊兼務
　　　　寛保元年(1741)58歳で隠退　　宝暦6年(1756)6月9日73歳で寂　　　　二男三女があった。
第5代　横超院　性徳　諱真央
　　　　父　第4第住職　超絶院　長男
　　　　享保5年(1720)生まれ　　享保16年(1731)　得度
　　　　寛保元年(1741)21歳で住職
　　　　元文5年(1740)　井伊直惟の娘の嘉寿姫と結婚
　　　　この時、間口三間奥行五間の表玄関を井伊家から寄進
　　　　一時期、姫路御坊兼務、越中城端御坊兼務、本山勤務
　　　　秀吉が長浜築城ないに建てた御殿を移築した書院を含山亭と命名　自らの俳号も含山とした　　長男広丸5歳で早死
　横超　　手を挙げよ　同じ流れに　すむ蛙
　千代　　日かげのわらび　腰をのしかね
横超院は俳諧の達人で有名で加賀の千代尼らとも親交深い
　　　　　　千代尼の　　あさがおに・・は有名句
横超院は三郡のあちこちを訪問され、逸話を残して親しまれた。甲賀観行寺にも来遊して宿泊し、前栽を眺めて「水声枯根無」の句を残し、師の愛用した五条袈裟を一領賜っている。また、甲津原行徳寺には梵鐘の新調式に泊りがけで、来られている。
　　含山軒　蝦藝　予が初めて甲津原に来りて行徳寺梵鐘の供養

5章　血判絵像と大通寺(長浜御坊)の建立

を勤めはべり　作　一句を残しはべること　しかり
　　　目に耳に　新し鐘を　月今宵
次男　超倫院は妻の井伊直幸の娘静姫と結婚したが21歳で寂
横超院は、寛政2年(1790)71歳で寂

図31　玄関横に刻んだの石碑

第6代　明達院　乗徳　諱遍勝
　　父　井伊直幸の息子(直中の弟)　観徳院直宥(ゆう)
　　天明7年(1787)20歳で入寺　横超院の娘　美江子と結婚
　天明8年(1788)　本願寺類焼し湖北三郡の門徒、逸早く駆け付けて後片付けや両堂の基礎工事を1年間で完了した。その費用も負担し全国から恐悦至極と評された。帰国に際して、二十二日講乗如上人御影を湖北へ2幅下付され、**回り仏**として湖北一円を巡

回して今日まで続いている。当時に奉仕に出た人々の宿泊所が今日なお「東浅井詰所」として残り、受け継がれている。御小屋と呼ばれ、本山再建のときに、門徒衆が泊まった宿である。「坂田詰所」「伊香詰所」等々であるが、これらは令和に処分した所もある。

また、この当時、長浜屋敷として京都七条西洞院に約900坪の土地があって、30室を有する建物があった。筆者の推測であるが、脇坂安治の屋敷跡を長浜御坊に寄進されたものだと思われる。もらい受けについては、明達院を通じて実家の井伊家が幕府との仲介をお世話してくれたのであろうと推測できる。詳細は後述する。

天明6年(1786)井伊家より新御座敷を寄進されて新築し、狩野派の絵、岸駒に老梅木の絵を描かせる。

　　長浜御坊の創建後、この明達院の時代に、以前の門(現在の台所門)に代えて、ご本山の門を縮小模倣した、現在の三門が彦根藩の支援、国友の澤藤家等三郡の寄付で全御坊第一と評判の門が建てられた。

　　明達院　文政11年(1828)60歳にて寂

第7代　最勝院　達央
　　父　横超院の嫡男超倫院の息子
　　母　井伊家家臣　松村氏　息女
　　明和5年(1768)生まれ　　文政11年(1828)　寂
　　文政5年(1832)　隠退し八尾大信寺に転住

第8代　霊心院　達住(厳如)　諱光勝
　　文化14年(1817)3月　生まれ
　　父　東本願寺第17世　達如の三男
　　母　近衛右大臣経熙の養女鷹司政熙の実子
　　文化14年(1817)10月、入寺
　　天保12年(1841)に兄法如の死により、本山に帰り
　　弘化3年(1846)、法主　達如　隠退に伴い
　　第21世の法主に就任　厳如　諱光勝、　　30歳

天保13年(1842)の頃長浜御坊の住職が不在となり、井伊直中の次男鐵三郎(直弼28歳)を住職に請うた事もある。その交渉文が長浜別院、井伊家に残っている。

安政5年(1858)　本山全焼　万延元年(1860)　再建

文久3年(1863)8月攘夷親征後、京都内戦場化し大災害で混乱、本山全焼　明治2年(1869)北海道開拓の命を受ける。明治22年(1889)本御影堂上棟式、同25年本堂上棟式

第9代　能満院　達位　諱朗高

　父　東本願寺第17世　達如の五男　厳如の弟

　天保5年(1834)生まれ　　弘化5年(1848)入寺

　文久2年(1862)27歳、京都にて寂

第10代　霊寿院　厳澄　諱勝縁　含翠(すい)

　父　第21世の法主　厳如の次男

　安政元年(1854)　生まれ　元治元年(1864)　入寺

　慶応元年(1865)飛騨高山御坊　兼務

　妻　明治5年(1872)井伊直弼五女　信子(幼名沙千代)と婚姻

　明治の政変に際し、朝廷に美濃・飛騨をも行脚して一千両を寄付。子どもは、一女三男で嫡姫は鯖江の誠照寺派本山(二条秀暁師)へ嫁ぐ。

　明治10年(1877)には、西南の役の慰問に法主代理で鹿児島へ

　大正13年(1924)3月13日に五村別院で教如300回忌を厳修後、19日に69歳で寂す

第11代　慧日院　厳澄　諱勝信

　父　第10代 霊寿院の舎弟。

　大正13年(1924)4月より桑名別院住職を兼務していたが、長浜別院は歴代が法主の次男が継ぐことになっている事を配慮して、昭和14年(1939)御本山にお伺いを立て、法主の次男を迎えた。

第12代　霊源院　暢順

父　東本願寺第24世　闡如(せんにょ)　諱光暢　の次男
　　母　邦久宮邦彦王の三女　智子
　　昭和4年(1929)生まれ
　　昭和14年(1939)に得度(9歳)　昭和17年(1941)に入寺
　　昭和31年(1956)に　藤原綾乃と結婚
　昭和44年(1969)の開申事件以後、別院の住職は本山の門首とし、そこから派遣された輪番が代行するようになった。この開申事件以後の事については、次項で述べることにする。

長浜御坊大通寺の寺域と堂字

　以下では、先人が構築してきた長浜御坊大通寺の寺域と堂字を中沢南水著『長浜御坊三百年誌』[6]を参考に、まず、配置の現状を記しておこう。現在、寺域は、6890坪(22776.8 ㎡)、旧石高では約40石に該当する。正面の大通寺と書かれた石柱を見て二重瓦葺三門をくぐると石畳が直線状にあり南向の本堂が正面にそびえている。

　本堂に向って左に高廊下を架し玄関、庫裡、西門あり、南には教区大谷会館がある。前には石垣を広く積み松並木があり、その南に台所門（旧長浜城大手門）あり、山門の東南側に、鼓楼、鐘楼、経蔵、手水所、周囲には、総会所、女人講、白砂講、廿八日講、因講等の諸建物並んでいる。

　東北には大庭園あって泉水と石の池があり、公園になっている。その奥に含山軒、蘭亭があり供に秀吉時代の遺物で、本堂、広間と共に国宝の建物が5陳ある。

5章　血判絵像と大通寺(長浜御坊)の建立

図32　長浜御坊　本堂　左は玄関右は太鼓楼

1、本　堂

　旧伏見桃山城の一部で、国の重要文化財に措定されている。慶長9年家康より教如上人に贈られ、東本願寺の御影堂に充てた。後の、宣如上人の時代に本山の建て替えがあり、それを大通寺へ移築したものである。御殿造りを真宗本堂様式に変えて、再築したのが現在の大通寺の本堂である。

　秀吉が朝鮮征伐の軍議を開いた広間と伝えられ、規模は桁行17間、梁行14間半の大きさで、様式は桃山建築の構造を随所に残しており、優美で豪華さを示すものである。堂内正面の無量寿の扁額は閑院宮載仁親王の御染筆である。大正元年(1912)宗祖650回忌記念に下付されたものである。

2、広　　間

図33　広　　間

　大広間も重要文化財に指定されており、桁行11間、梁行10間半これも桃山城中の殿舎で本山から本堂と共に移築されたものである。上段三間の大床壁紙は滝と牡丹と獅子の図、向って右小襖は虞美人野遊の図、その右の出入口襖は桐に鳳凰、大床の左出入口襖は菊に孔雀の図で、何れも金地極彩色、金具には秀吉の五三くずしの桐紋が彫ってある。

　昭和25年度に国庫補助4百万円、地元3百万円、計7百万円を掛けて解体工事を完了した。古来お花狐が天井に居たといわれ、廊下の天井に梯子が常置されている。昭和13年まで毎日油揚を供えに来る人があったが、今も時々供えてる。

3、玄　　関（重文）

　当寺第5代の横超院御内室で、彦根城主直惟息女嘉寿姫より宗祖500回忌記念に寄進されたものである。棟札に宝暦10辰年(1760)2月25日

建之巧匠と記し彦根田原勘兵衛が棟梁であったことがわかる。桁行 4 間梁行 3 間で、正面見付は極彩色老松の金襖、両側は極彩色群鶴の金壁紙で貼ってある。

4、含 山 亭（重文）

図34　含山庭園

　境内の正面東方に当り、庭園の間から 12 km 先の伊吹山の秀峰を遠景に含むことからに名づけられた。枯山水が水山水になっている。元、長浜城の客殿を移したものと伝える。桁行 5 間梁行 3 間、床の間壁書は山水右、出入口襖は雪中枯木に鳩、その他すべて狩野派の名手の筆に成り山楽・山雪が描いている。大正 4 年特別保護建造物に指定され現在重要文化財である。（五代横超院が、この名をつけられた）

5、蘭　　亭（重文）

　中国の浙江省紹興市のあずまやの亭に王義之が住み、「曲水の宴」を催し、「蘭亭集序」を書いた。これに因んで書院を蘭亭と称した。襖には円山応挙筆、蘭亭の曲水の宴図が描かれている。特建指定になっている。建物は切妻造りで、桁行 9 間半、梁行 4 間半、宝暦 5 年の建築であることから、第 5 代住職横超院の時代である事がわかる。庭園

も小堀遠州作の名園である。

6、新御座

図35　新御座　正面　金地に琴碁書画図

　嘉寿姫が来られ、後に第6代明達院住職が入寺の際に、井伊家より寄進されたものである。正面の床回りの壁画は、狩野永岳筆で金地に琴碁書画図が描かれており、豪華である。

　左の襖絵は、岸駒(1749-1811)に庭に有った老梅を写させたもので、描き終わったら枯れたと伝えている。襖数12枚に一本の老梅を描いた金地墨画梅の図襖である。

　建物は、桁行8間、梁行12間の大きなもので、現在の建物は、大正元年宗祖650回忌に当り改修したものである。

　正面を向いて左には、蘇鉄の間、山水の間、桜の間、鶴の間、等の控えの間(鞘の間)が並んでいる。

5章　血判絵像と大通寺(長浜御坊)の建立

図36　新御座　金地墨画梅の図襖

7、表　門（三門）

　井伊家から入寺した第6代明達院住職となった時代に、丁度本山も類焼後の三門を再建していた。本山の三門と同様の形で縮小して建てる事になり、桁行7間、梁行四間の二重瓦葺にした。文化5年(1808)3月の起工である。飾りの彫刻は、長浜の異彩で当代名人の傑作である。楼上には釈迦如来、弥勤菩薩、阿難尊者の尊像が安置されている。閣上高くにある無碍智山の偏額は本願寺二十一世厳如上人筆である。両脇に2間に1間半の桟楼がある。常喜の宮部大兵衛工人との銘があるが、相当の歳月を要し天保11年(1840)に完成し33年後であった。総欅造りで近世大型建築では県内屈指の名作建造物である。市指定文化財になっている。

　　8、裏　門（重文）

　通称は台所門と呼んでいるが、俗に矢の根門とも称している。天2年(1574)頃の建築である。桁行2間半、梁行1間半で巨材を用い重

137

厚さ呈する。旧長浜城の大手門で、大手通りを西へ行ったお旅所付近に在ったと思われる。太閤秀吉の建てたもので天正13年山内一豊城主となり同16年修築した物で、門柱に弾痕の跡があり天正10年6月光秀の乱で伊香郡の阿閉万五郎が明智に味方した為、打込んだと見られている。扉金具の裏面に天正16子年(1588)8月吉日とあって山内豊景家の記録と一致し、その刻銘は確定的なものになっている。

9、西　　門

桁行1間半、染行2間両脇の塀8尺の大きさで、昭和5年(1930)3月に起工し、境内の風致を考え、有事の際を考慮して建設した。相生町有志と一般の喜捨で翌年10月に竣工。村瀬嘉平、中居捨次郎両翁の尽力も多大であったと伝える。

10、教区大谷会館

旧記念会館・婦人会館と称したもので、桁行6間、染行5間半、昭和3年の御大典記念として建設し、一部は婦人法話会場、一部は示談会場にした。篤信の村瀬氏の浄財と一般の寄付で完成した。現在は、教区大谷会館と教務所にして同所に改修した。

11、忠　魂　塔

湖北三郡戦病死者541名を祀っている。中沢南水著『長浜御坊三百年誌』[6]を参考にすれば、以下の様な経過で建立されている。

大正4年(1915)の第10代　霊寿院住職の時、発願され礎石のみ出来ていた。昭和6年11月、原煕博士が含山亭・蘭亭の二庭園を名勝地に指定する為調査され、翌年11月更に幸水義信学士を伴い再調した。枕流亭も荒れていた。復旧を志す人が多くなったこの時期に、同年12月9日に中野の人で棟田兵之助氏が仏骨を拝受される話があって一同がこれを聞き、迎えて立塔したいと言う話がまとまった。早速、京都に居た当寺住職の慧日院師に問い合わせて許可を得た。仏骨(仏舎利)の下に英霊の眠る忠霊塔は、全国でもその例を見ない。

明治31年に英人のベルベツがヒマラヤ山麓ネパール開墾の際に大森林中の高所から仏塔を発見した。英政府の許可を得て20尺を掘った

ら石棺があり1430箇の宝石があった。それには、古文が彫られていたが解読出来ず、ロンドンに持ち帰って学者の研究により仏骨と判明した。滅後200年に改葬したが永遠に崇敬すべしと明記されていた。

　1,000箇を大英博物館へ、430箇はカルカッタ博物館に納めた。残る仏骨は、英帝かタイ国王に献納され首都バンコックのワッサキ寺に六丈余(18m)の高塔を建てて安置された。その際、全権公使の稲垣万治郎が、日本に分骨を乞うた。明治32年の彰如上人が正使、日置黙仙禅師が副使となって奉迎したものである。

　横田氏はその際に、農蚕指導のため、そこに滞在しておりワッサキ寺の大僧正と昵懇になり、帰国の際に仏骨入愛杖を贈って有縁の人々と共に奉安しなさいとの事であった。各宗56派は日泰寺を建てて名古屋に奉安し、その同じ仏骨を当御坊に奉安することが出来た。このことは大変な業縁果報の喜びであり、何たる勝縁かと驚かざるを得ない。真の仏骨(仏舎利)の奉安は、イギリスとインド以外に、我国の2ヶ所と泰国、ニューヨークの4ヶ所のみである。

　中沢氏の説明は以上のようであるが、仏骨(仏舎利)がそれほど多く分骨されたものでは無いように思われる。著者の見解によれば、確かに1898年にイギリスのインド駐在員のW.C.ペッペがピプラーワーで発見したのは事実である『ブッダの生涯と仏像の誕生』[36]。それは、アショーカ王が再埋葬したもので、現在、インド国立博物館にあるのはこの時の仏舎利で本物である。この時、珠玉、水晶、黄金などの副葬品が多く発見されており、別院へもたらされたのは、その種の玉(玉)ではないかと思われる。いずれにしてもそのような貴重なものが別院へもたらされていたのは驚きである。

　　12、学　問　所
　本堂真西北の庭園の中に、桁行3間半、梁行2間半の二階建ての建物があったが、平成の半ばに老朽化して解体した。

　　13、枕　流　亭
　学問所の東南、茶室であって厳如上人「昔友」の書幅のある所で、桁

行4間、梁行2間半であったが、平成の半ばに老朽化して解体した。

　昭和時代に宗祖700回御遠忌を勤めた時には、茶会が開かれ著者も高校時代であったが参勤して、会に参加したのを覚えている。解体は、何の連絡もなかったが、脇坂安治邸の茶室だったのではと思うと惜しいことであった。

14、庫　　裡

　初代連枝時代に新築されたもので桁行10間、梁行8間、詰番の常住する所でその奥に輪番所がある。

15、そ　の　他

　経蔵、鐘楼、太鼓楼、便所二ケ所、香部屋、花部屋、土蔵二棟、湯殿、御仏供所、墓所等がある。表境内には、**総会所**(総坊、桁行9間半、梁行7間半)、**白砂講**の建屋(桁行4間、梁行3間)、因講の建屋(桁行7間、梁行7間)、茶所の建屋(桁行9間、梁行6間)、

　その他、京都七条西洞院に、長浜屋敷として約900坪の土地があったが、明治時代の第10代連枝の時に、石川舜台の進言で本山が加賀手取川沿岸の荒撫地十町余を**長浜屋敷**を担保にして買収した。しかし、その土地に抵当権債務が付いていたので長浜屋敷を売却しなければならなかった。その一部の茶室は当御坊へ移築した。また、同連枝は晩年の大正8年頃、湖畔の200坪程の土地に別邸を建てられた。連枝が入寂したら不用となり、維持難の為、昭和2年の南浮輪番の時に、鐘紡長浜工場建築の際に売却して維持基金に繰り入れられた。

　江北では、長浜御坊の外に、五村(東浅井郡虎姫町)にも教如により御坊が開創された。関ケ原の合戦の後、慶長5年(1600)(同2年とも言われる)頃には五村の大村刑部が一町五反の土地を献納し、教如の許可と64ケ寺の賛同を得て、茅葺で6間四面の御堂が造営されたと伝わる。諸種の記録によって**五村御坊**建立の事情を推察すると、それは慶長7〜8年(1602-1603)の頃と思われる。江北教団の中で五村近辺の末寺32カ寺がとくに結束し、当時、郷士であった大村刑部の支持を得て、教如へ御坊建立を申し上げたことに始まるようである。

5章　血判絵像と大通寺(長浜御坊)の建立

　柏原祐泉稿「本願寺教団の東西分立」[(3)]によれば、五村御坊の建立を次のように述べている。

　　大村刑部は、幕府の代官であった日下善介の了解を得て、五村の支配地の内一町五反余を御坊寺地に寄せた。そして、この地方が代官支配となるのは関ケ原合戦以後から慶長11年で、内藤信成の長浜入部までの間であるから、五村御坊建立を慶長7年ないし8年とする記録は、打倒である。この建立に当たっては、大村刑部以外にも当然、多くの在地有力郷民の拠出協力もあつたが、とりわけ大村の力が大きかったことは、教如の、6月23日付の書状で知る事が出来る。

「其地坊舎柱立近々可有之条、大慶不過之候、就中長々勤労之顕感悦に存候、且又坊舎之地面目録等令披見候、先阻之不顧家督候て厚懇之至不浅覚候、云々」

　と書かれていることで、明白である。しかし、五村御坊建立の動機については、この書状の程度以上に詳細を知ることができないが、恐らくそれは、東本願寺開創直前の時期にあって、教団勢力や北陸、東海、近畿への接点である地理的位置などからいつて、江北教団に長浜御坊のみでは不充分とする、教如の教団経営から思考されたものと思われる。

五村御坊が建立されたら教如上人がこの地に常駐(本山に)しても良いと考えていたという推測が当地に伝わっている。それは行き過ぎた推測であろう。教如は全国の各地に御坊(別院)を建立する考えを持っていた。近くには守山や大津、大坂など17の御坊が既に建立されており、五村御坊も教如の教団経営の一つとみる事が出来る。五村には懸所という名目にして、お弟子の法敬坊を今日の輪番の如くに派遣したのである。その時期に、大坂には、難波、天満、茨木、八尾、堺の各御坊が既に置かれていた。ちなみに、江戸時代を通じて東本願寺系の御坊は40カ寺といわれ、約半数の17カ寺は教如の開創である。

5-4 御坊建立を支えた彦根藩と寿林尼

先の寿林尼の書簡の中にも、掃部頭と言う名前が度々出てくる。長浜御坊の移転、寺地の拡張、諸殿の建立、歴代の住職等々で、井伊家とは深い関係にあった事が明らかである。直弼が埋もれ木の館で学問に勤しんでいた頃、住職不在の大通寺から住職を請う話まであった。まさに、人間万事塞翁が馬と言わねばならない。

井伊家の元は、藤原左大臣冬嗣の第七男内舎人良門からと伝えられる。井伊谷(いいのや)出身の井伊直政は、関ケ原の戦いの功により、18万石に加増され、上野の高崎城から慶長5年(1600)に佐和山城へ移府した。湖畔の磯山に築城を計画したが、戦傷が原因で慶長7年(1602)に没した。嫡男の直継（直勝）が相続すると現在の彦根城が存在する彦根山に新城の建設を開始し、慶長11年(1606)に完成し入城した。しかし、家康は、直継が病弱で大坂の陣に参戦出来なかったことを理由に、直勝と名を改め上野安中藩に3万石を分知され移封になった。そして、井伊直孝を彦根藩二代藩主にしたのである。

慶長19年(1614)の大坂冬の陣で真田丸の戦いで、直孝は家康に井伊家の大将に指名されたが、敵の策にはまってしまい鉄砲で一斉射撃を受け、500人の死者を出す大被害を生じさせた。しかしながら、家康は「味方を奮い立たせた」と褒め、直孝を重宝した。その後も、直孝は幕閣の中枢としての活躍を認められ、元和元年・元和3年(1617)・寛永10年(1633)の3度にわたって5万石ずつ加増され、30万石の大封を得ることになる。さらに、幕府領の城付米預かりとして5万俵（知行高換算5万石）を付与され、35万石の大大名の格式を得るに至った。他の譜代大名は転封を繰り返すが、井伊家は一度の転封もなく、石高も譜代の中では最も多かった。

直孝は、家康の没後も秀忠、家光らにとっては第一の補佐役として、重臣になっていた。慶安元年(1648)に、本願寺の宣如が継職の願事のため参上して江戸城で家光に面会した時には、大老職として、将軍家光の側近にあった。教如と家康は盟友であったが、その子どもの宣如

5章　血判絵像と大通寺(長浜御坊)の建立

と将軍秀忠・家光との関係は、共に盟友同志の子孫であるから、昔なじみであったのである。そこには、当然双方からの親の時代の出来事や親しい裏話が交わされたに違いない。したがって、前記の如く、本願寺の新規建立の話や家光が本山の枳殻邸及びその東、河原町までの地を加増したことも、深き宿縁のお陰であったと言わねばならない。

彦根藩　井伊家歴代当主

代	名	読み	特筆事項
1	直政	なおまさ	彦根藩初代　18万石　将軍側近
2	直孝	なおたか	35万石に加増　江戸城大老
3	直澄	なおずみ	江戸城大老
4	直興	なおおき	江戸城大老
5	直通	なおみち	
6	直恒	なおつね	
7	直惟	なおのぶ	
8	直定	なおさだ	
9	直禔	なおよし	
10	直幸	なおひで	江戸城大老
11	直中	なおなか	
12	直亮	なおあき	江戸城大老
13	直弼	なおすけ	江戸城大老
14	直憲	なおのり	伯爵
15	直忠	なおただ	伯爵
16	直愛	なおよし	彦根市長9期
17	直豪	なおひで	
18	直岳	なおたけ	彦根城博物館館長

　また、長浜が譜代の井伊領であったことも幸であり、長浜御坊の移転や寺地の加増の話しが一挙に進んだと思われる。前記した第5代住

職の横超院は、井伊直惟の娘の嘉寿と結婚した。また、第6代住職の明達院は、井伊直幸の息子(直中の弟)であった事と、ともに並々ならぬ関係があり、大いに井伊家からの支援があった事も、歴史に残さねばならない。

長浜御坊の移転の話に**寿林尼**(じゅりんに)寿林尼という人が出てくる。寿林尼については、参考にした中川泉三著『近江要史』[26]、中沢南水著『長浜御坊三百年誌』[6]と『坂田郡志第　六巻』[9]にも書かれているが、話はまちまちで、辻褄が合わないものもある。これらの見解を参考にしながら筆者の寿林尼像を以下に記しておこう。

寿林尼は本多正信の後室で、夫が死去すると出家し寿林尼と名乗った。寿林尼は、東本願寺蔵の親鸞の木像「常葉(ときわ)の御影」の移転をお世話したとの話を前記した。

この話の真相を物語る事として、寿林尼は春日局との間は実妹の様に昵懇であり、寛永9年(1632)に稲葉正勝(春日局の子)が小田原藩主となったことを契機として、小田原北条氏の下で真宗寺院が戦で廃墟になったので、同地に真宗寺院を再興される事を、寿林尼は春日局を通じて徳川家光に働きかけた。この結果、実相寺(現円光寺で本願寺派)が建立されたと伝えられている。

また、教如は本多正信の母親とも昵懇であり、信心深い正信の母親とは三河の一揆以来、様々な話が交わされていた様である事も前記した。江戸城内の三代家光の義育係をした春日局はこの頃、禅寺に隠栖し、宣如時代の後半には、故人となっている。このような背景から、寿林尼は、将軍家光、彦根藩の井伊大老、本願寺教如に心やすかった人であることがうかがえるのである。

寿林尼の出生は一般的には不明であるとされているが、筆者の諸資料による推定では、小早川秀秋の忘れ形見ともいうべき息女であった。秀秋は家康にとっては関ケ原の合戦での大功労者である。合戦後に家康から備前美作を受領したが、慶長6年(1601)7月に23才で没する。秀秋は秀吉が養女にした前田利家の娘を妻にしたが女児のみであり、

5章　血判絵像と大通寺(長浜御坊)の建立

跡取りが無く男児がなければ絶家の規制があって、慶長7年(1602)に廃藩になった。その後、この遺児の寿林は彦根藩に預けられていた。

　彦根藩井伊家の重臣として仕えていた、長浜出身の河村宗右エ門(覚応寺門徒)が預かってその面倒を見ていた。しかし寿林は、賢女であったため井伊家によって大奥へ推挙された。その後、家康の孫、浅井長政の孫にあたる徳川秀忠の娘、千姫(家光の実妹)が豊臣秀頼の元へ嫁いだ。寿林は、その千姫の待所女頭として共に大坂城に行って生活した。元和元年(1615)の大坂の陣で落城した後は、千姫と共に江戸に帰って、江戸城侍女頭となった。その後、千姫は播磨の国姫路新田藩の本多忠刻(ただとき)の正室に嫁ぐが寿林は江戸の大奥に留まった。

　寿林はその後、本多正信の後室になったと思われる。これによって、寿林尼と将軍家や春日局、教如や宣如との関係も解る。また、寿林の父が秀秋であったとすれば、彼は長浜生まれで幼少期をねねらとも過ごしており、懐かしい話を聞いていたはずである。また、寿林尼は熱心な真宗の信徒であり、長浜大通寺御坊の創建に助力した事は、何の不思議もないし、その話も円滑にまとまったと思われる。寿林はこの御縁から深く宣如上人に帰依し、尼となって寿林尼と法名を下された。古文に(志ゆりんとあるのは、寿の清音であって古来の風習であったと考えられる)寿林尼は非常に賢明であり、文字も達筆であった。不幸の中に幸を得た人と思われる。これも不思議なご縁が重なった事である。

6章　大通寺のその後と長浜の発展
6-1　大通寺のその後と湖北の土徳

　歴代の住職については前記したとおりである。昭和44年(1969)に真宗大谷派東本願寺の開申事件があり、これに伴って長浜・五村別院の離脱騒動があった。まず、開申事件とは、一般にはお東騒動とも言われるが、門首(法主)を擁護して旧来の体制を維持しようとする保守派と教団の護持・運営を民主化した体制にしょうとする改革派の対立である。

　本願寺は、蓮如の孫、証如の石山本願寺の時代から戦国の混乱に巻き込まれ、前記してきたように全国の一揆の力を借りて体制を維持してきた。それは、武力の支援を必要とするものであり、一揆の力だけでなく武家とも同盟関係を結んで防衛をした。これによって、必然的に武家大名と同じような権力体制の本願寺が出来上がった。また、全国の門末も本山を維持する経費とともに、戦闘防衛の資金面・軍事力面の支援を要求された。これを果たすために、幕藩体制に組み込まれる組織構造と同様の仕組みが宗教組織にも出来上がり、全国の講組織が中央集権的に出来上がった。そして明治時代以降は、全国が20教区(途中に変遷あり)に区分けられて本山護持と教化体制が組織化された。

　以上のような経緯から、宗派の体制としては、宗教的権威者として伝統的に尊崇されていた法主を推戴し、そのもとに強い権限を集中させる体制が出来上がり、それが強化されていたのである。言わば、近代の日本神道における皇室の位置づけと同様な、疑似天皇制が本願寺にも出来上がっていたのである。

　宗派の教理を伝えた系譜を宗脈または法脈と言うが、本願寺に於いてはそれが、親鸞以来の大谷家の血筋に法脈(血脈)と宗教的権威の拠り所を求め、法主を生き仏として崇める様な状態になっていた。したがって、本願寺の法主・住職・管長(これを三身一体と言う)の権限が、一人のもとに集中する体制であった。つまり、本願寺の法主は、戦国時代から明治・大正の時代を経ても従来の慣例をもとに、法主は正統

的な教学・伝統の顕現者であり、住職は文字通り本願寺の代表者であり、管長は宗派の事務管理の代表者を兼ねる体制であった。

昭和40年代に、第24代法主の大谷光暢が三身一体の管長職を長男の大谷光紹新門に譲ると突然の発表した。これが前記の開申事件の発端である。ここには、法主体制を維持する派、それに付け込んで利得を得ようとする僧俗派、現日本憲法のように門首（法主）の三身一体を象徴化しようとする改革派、等が混在して混乱した。詳細については巻末の資料を参考にされたい。

昭和37（1962）7月に、内局（宗務事務）側は「同朋会運動」を発足し、そのテーマとして「**真宗同朋会運動とは、純粋な信仰運動である**」「**家の宗教から個の自覚の宗教へ**」を掲げた。「同朋会運動」の発足と同時に「真宗同朋会条例」が公布される。このように宗派を民主化しょうとする「同朋会運動」の改革への動きに対抗して大谷光暢は、昭和53（1978）に「私が住職をしている本山・本願寺（東本願寺のこと）は、真宗大谷派から離脱・独立する」と宣言した。当時まで本山・本願寺は普通寺院と同様に、真宗大谷派に包括される一宗教法人であった。

内局側は離脱・独立を阻止し、最終的には、議会制、象徴門首制、宗本一体の体制になった。つまり、宗派運営の権限が、選挙により選出された議員の構成で宗派の議会（**宗議会**｛僧侶の代表｝と**参議会**｛門信徒の代表｝の二院制）に移された。また、象徴門首制とは、仏祖崇敬の任にあたる象徴的地位として法主を廃止して門首が置かれた。門首は内局の進達がなければ、宗務執行に対する権限を持たないこととされた。さらに、宗本一体の体制とは、宗教法人「本願寺」と真宗大谷派が合併され一体の法人となる事である。そして、東本願寺の正式名称は「真宗本廟」となり、親鸞の墓所の意味をもつようになった。

この体制に反対した大谷光暢の長男大谷光紹は、住職をしていた東京別院東京本願寺を、大谷派から分離独立させて賛同する末寺・門徒をまとめて「浄土真宗東本願寺派本山東本願寺」を結成した。続いて、次男大谷暢順は、長浜別院の第12代住職であったが、長浜・五村別院

を包括法人の真宗大谷派から離脱する事を計画した。しかし、別院には院議会があり、そこを護持する教区には教区会という議決機関があったが、代表役員を兼ねる住職の権限だけで離脱を図ろうとしたのである。

　昭和53年(1978)8月に長浜・五村別院の離脱については、湖北の寺族・門徒は一丸となって阻止し、本山から別院離脱阻止の裁判をおこして勝訴した。裁判では、昭和56年(1981)11月には大谷暢順側の「離脱申請」却下の判決が出された。再び大谷暢順は昭和60年(1985)に「変更申請不認証」の判決について「行政不服審査請求」を、「別院住職解任」の判決について「地位確認請求」の提訴をしたが、総て却下された。さらに、大谷暢順は最高裁に上告したが、平成8年(1996)1月にすべて却下され全裁判が終了した。

　大半の寺院は従来の真宗大谷派にとどまったが、数カ寺は離脱した。以後、別院の住職は門首が兼務し、輪番に寺務を代行させる事になり、現在に至っている。注4

　しかしながら、この当時、真宗大谷派長浜教区内では「宗派離脱寺院に対する教区の姿勢と対応について」昭和54年(1979)10月23日に開催された第80回臨時教区会決議として、各寺院住職・教会主管者・門徒代表宛てに注記のような文が決議事項として配布された。注5

　教区の一派は、この申し合わせ事項から逸脱して、離脱寺院と親戚になる未離脱寺院までも教区同朋の蔑視(べっし)の対象として、46年間の長きに渡って孫の代にまで影響を及ぼす事があった。教区内の一部の人々の行動とは言え、このような状態が令和6年まで続いたが、令和5年度の臨時教区会・教区門徒会の両会議に於いて、この申し合わせ事項は、賛成多数で廃止された。

　私たちは、諸事を図るときに仏法に照らし合わせて再考することが肝要である。仏法は、本来的に相手に苦を与えないという教えが根底にあり、キリスト教やイスラム教のような報復処置を認める教えではないことに留意すべきであった。

古(いにしえ)の釈尊の時代には、ヴィドゥーダバ王が釈迦一族を壊滅させるという大事件があった時に、釈尊は三度の説得を図ったが聞き入れなかった王の悪行に何の報復もしていない。提婆達多が教団の乗っ取りを図り、失敗して多くの比丘を連れて脱退したが、釈尊は何の報復もしなかった『ブッダの生涯と仏像の誕生』[36]。

　また、法然は美作国の官僚の漆間時国（うるま ときくに）の子として生まれたが、9歳の時、父は夜討に会って殺害された。仕返しをするなと言う遺言に従い出家した。親鸞は、板敷山で山伏の弁念に命を狙われる被害を受けたが教化により、明法坊と言う名僧に育てた。これらの所作は釈尊以来、先徳からの重要な教えであり、後世の人々も深く学ぶべきことである。

　ところで、前に本山への経常費(護持の懇志金)について述べ、長浜教区は全国的に見て非常に高い割合を負担している事に触れた。これは、長浜が全国でも別格の別院であるという、先人の歴史からの遺物であろう。大正時代以来、改定されていなかったが、平成6年に著者が教区会議長（教区の代表）に就任し、全国議長協議会の事務局長になった。この折に全国の教区の要望事項を調査し、門徒戸数調査、教区・組の改編、宗務の行財政改革の案を協議会でまとめた。これを内局に提案したが、即刻検討されて宗・参の両議会に提案され、翌年に可決し、条例が制定された。少し時間を要したが、平成の中頃には全国の全門末で戸数調査が実施され、経常費負担の均等化、教区・組の改編、宗務の行財政改革が実施されている。これは、筆者が10年の歳月を掛けて、宗教界最先端の大谷派宗務事務情報ネットワーク(LAN)の構築を指導して完成させた折に、宗務所内の職員の人脈や事務に精通していた事も役立ったと思われる。

　また、前章で記した湖北の一向一揆は、真宗の信心を朋にする命がけの戦いで、自治自立の法義を重んじる郷土をつくる戦いでもあった事を述べたが、その宗風が長く続いてきた。それは、人々の安住を仏法に求める湖北民衆の**土徳**となり、地域の風土となっていた。その決

意が血判阿弥陀如来絵像であり、本願寺と無義の関係をつくった証が大通寺御坊の建立であった事を記した。古来から大通寺御坊の法要には、満堂になる程の参詣者であふれていたのである。その風景を司馬遼太郎は紀行文集『街道をゆく』の第24巻『近江散歩』で、湖北には独特の宗風があることを指摘し、感嘆したと述べている。しかしながら、離脱騒動以後の蔑視(べっし)の徹底で、門徒の人々も「私らは参ったらあかんのか」という声があちこちから出て参詣人は次第に減少し、「御親修」も無くなって、年々の法要も貧相化した。今日では少子高齢化に過疎化が進み、以前のような参詣者の賑わいは無くなった。

6-2 長浜の発展と産業の振興

　天正10年(1582年)本能寺の変後、秀吉公が大坂へ去ってからの城下町は、以前の田園地帯とは一変して、商工の町になった。江戸時代中期に長浜の縮緬産業は、彦根藩の保護を受けて発達した。上質生糸の生産地であったことや、最適の湿度と琵琶湖の軟水に恵まれて、量的には他地方の産地の生産に及ばないが、質的には一越・古代織など最高級の軸物を産し、和装染呉服用生地として全国的に需要が多かった。浜ちりめん、蚊帳、ビロードは、長浜の特産品としてその生産が有名となり、近郷の繭生糸の集産地とともに知られている。いわゆる、近江商人の取り扱い品目の供給基地となった。

　また、幕府の統制品であったが鉄炮の生産地でも有名で、命中率が高い高品質のものだと全国で評価されていた。鉄工では鉄炮鍛冶と類似する農具の鍛冶技術も鍛冶屋町(現長浜市鍛冶屋町)で営まれていた。

　康正2年(1456)に開かれた長浜港は江戸時代には米原、松原の両港とともに彦根藩の三港として年貢米の輸送はもちろん北陸、東海、上方への物資の往来上の主要な港となった。明治15年(1882)敦賀〜金ヶ崎間の鉄道が開通したが、全線の開通は明治22年になる。また、翌年の明治16年(1883)には、長浜〜関ヶ原間の鉄道が開通したが、長浜〜大津間は太閤汽船によったので、長浜が船と汽車の連結の基地として

交通上では、さらに大きくクローズアップされた。長浜港に隣接する旧長浜駅舎は、明治15年、英人技士の設計によるもので、東海道線が開通するまで著名な人々が乗降した由緒ある駅舎である。現存する日本最古の駅舎として鉄道記念物に指定されている。

明治21年町村制公布にあたり長浜および神照、南郷里、北郷里、西黒田、神田、六荘の1町6カ村の町村が合併して市制を施工することとなった。その後、人間尊重に基づく、市民の総意と英知によるおおらかな郷土愛に満ちた、平和で豊かな暮らしができる人々の実現をめざして歩んできた。

図37　長浜曳山祭りの子供歌舞伎山祭り国の重要無形民俗文化財

明治16年に開通した長浜と関ヶ原間の鉄道は、上坂、春照線で関ヶ原の手前までであった。また、明治17年には柳瀬トンネルが完成して長浜と敦賀間の鉄道が開通した。その後、明治22年に彦根と米原と深谷間を結ぶ醒ヶ井や柏原経由の現在の鉄道が開通した。これらの鉄道開通は、全国的にも早い時期であり、日本海側と関西・東海を結ぶ物

資の輸送に国を挙げて取り組んでいた事がわかる。また、長浜と関ヶ原間の鉄道は、米原からの鉄道が出来ると廃止された後に往来の馬車道として軌道跡が利用された。

このように長浜は、湖北三郡の中心地として、農業と養蚕中心の地域から昭和時代にはさらなる商工業の地域に発展してきた。特に際立ったのは江戸時代からの絹織物の産地であった事である。浜ちりめんのブランド名は高く評価され、京都の西陣の主力商品にもなった。欲を言えば、浜ちりめんのほとんどは白生地で京都の西陣へ運ばれたが、染の絵付けができれば、更に発展していた事は間違いない。

秀吉の長男の誕生を祝って始められたという曳山祭りは、毎年4月に行われ、日本三大山車（だし）の一つとして有名で、12基の曳（ひき）山は、けんらん豪華を極める。この曳山の始まりは、商工によって蓄積した富力が寄進された事が一つの大きな要因になっている。山車の上で子供歌舞伎が演じられる催しは、昭和54年に長浜曳山祭りの曳山行事として国の重要無形民俗文化財に指定された。

筆者が、滋賀大から龍谷大の教授の頃、滋賀県から依頼されて県下の地場産業の診断や産地指導を長期にわたってしたことがある。昭和の後半から平成にかけて浜ちりめんは、近代化の条例で古い織機を壊して新たな機械に入れ替えることを、政府の指導で奨励していた。浜縮緬は、昭和45年現在の生産者数111名、設備台数2,068台、生産数1,343,291反、生産額（推定）10,953,744,000円にもなった程である。ビロードや壁紙に進出した企業は平成の中頃まで栄えた。

個人の商社であるが月に数回の海外出荷で1千万円程の純利益を得て、度々、夜の南片町へ足を運んでいた人もいた。しかし、平成の前半には、縮緬産業は衰退期に入り、業種を転換する企業が増え、鉄鋼業や電子関係の企業が開業しだした。

その後、地元から出たヤンマーが長浜工場を拡張し、三菱ケミカル（旧長浜樹脂）がプラスチック加工品の工場を拡大し、これらの関連企業や日本電気硝子等の企業が誘致された。その後、長浜キャノンが工

場を新設して多くの就業者を雇用することになった。

　長浜市の中心市内は昭和の30年代頃までは繁盛していたが、国道8号線沿いの郊外開発と、大型ショッピングセンターの開業によって中心街の歩行者が大きく減少し、衰退の傾向にあった。また、昭和60年頃に長浜楽市のショッピングモールが開業し、中心街が衰退する大きな引き金となった。この頃に町の中心地には、観光スポットの「黒壁スクエア」ができ、JR北陸線の直流化とともに観光客で賑わうようになった。そして、「浅井三姉妹」のテレビドラマ化は多くの観光客を引き付け、湖北の魅力発信に彩を添えることになった。

おわりに

　長浜は、筆者にとっても地元の事であり、あれもこれもと書いているうちに当初よりも分量が多くなってしまった。まだまだ、地元の武将を取り上げたい人は多々あるが、郷土の歴女歴男にお任せしたい。それにしても、当地の事について書かれた文献が少ない事である。そして、誤解をして伝わっていることも多々ある。地域の先人の足跡や事柄を正しく伝えることが大切である。そのために、丹念に記録しておく事が地域の歴史を語り継ぐことにもつながり、後の人々の智慧や様々な手掛かりにもなる。

　幸いに筆者は中学生の時代から毎年、長浜別院の報恩講法要に出仕する機会があった。年少者はたった一人だが父のお陰である。それは60年以上前のことで、東野文道、中沢南水、藤谷秀誠ら各氏が語っていたことを思い出しながら本書を執筆した。何所かからチャント継いでくれよという声が聞こえ、その責務に追い立てられて執筆したような次第である。

　今や、核家族になって久しいが、家の伝統や地域の文化が伝承できなくなり、徐々に衰退していく事を残念に思っている。厳しい親父と

一緒に夕ご飯を食べた時、様々なこぼれ話や愚痴を聞いたことが、人生の糧になることは沢山ある。それが無くなったことが、地元の文化の伝承ができなくなる始まりである。私もその一人であるが、親父と息子は話し合う機会を少しでも多く持つことをお進めしたい。

　今日の世界の動向は、殺伐とした方向に向かっているが、おおよそ東洋思想あるいは仏教思想と反対の方向である。湖北こそは日本文化の良さを豊富に含んだ土地柄であるが、それを蘇らせる気力がこの地域を将来に繋いでいく活性化の力になるのではないかと思っている。

　さて、本書で織田信長、豊臣秀吉、徳川家康の時代背景を取り上げたが、それぞれの武将の行動や生き方の方法に違いがあった。それでも、天下を治めて日本の国を平和にしょうとした志は3者に共通していたと考えられる。物語に出てくる平安時代は、優雅で雅やかな平和な世界を想像させるが、現実は、まったく反対であった。盗賊が横行し、米蔵は荒らされ民家は焼き払われ、時の将軍も鎮圧できなくて、都も優雅を誇れる気楽な社会ではなかった。

　逸早く都に上って世の中を平定しょうとしたのが信長であった。しかしながら、それは、武力の力で実現しょうとした故に、平和な世界にしょうという志が日本全体に伝わらなかったのではないだろうか。

　群雄割拠の時代の中で、各地の諸将が自己の領土の拡大を図ろうとする意図に火をつけて、かえって戦乱の世の中を作り出してしまった。武力を行使しては、平和な世界が実現出来ないことを我々は学ばねばならない。武力に代わる法治国家を世界で最初に創ったのが紀元前のアショーカ王であり、仏教では兵戈無用(ひょうがむよう)を説いている。

　その意味では、秀吉は出来るだけ武器を使わずに懐柔策を取って世の中を平定しょうとした。妻のねねも共通した心意気だったのである。それは秀吉の母なかが百姓家で育ち、仏教の教える自由、平等、平和の精神を三河門徒として育まれていたに違いない。長い間母のなかと同居した秀吉もねねも、その影響を受けていたと思われる。文中に何度も書いたが、小早川秀秋は西軍を裏切ったのではなく、その仏教精

おわりに

神を幼少の頃からねねに教え込まれており、その道に従ったのである。

　また、秀吉と信長の大きな違いは、朝廷への対応であった。信長は自らが天使になるべく朝廷への貢ぎ物や宮廷・公家等への修復事業は手厚くなかった。故に公家衆の信長暗殺説が出るが、真相は定かでないがそれ程に仲の良い関係ではなかった。一方の秀吉は、百姓上がりであることから、公達は雲上の人々であった。ねねも同様の気持ちで、金銭的、物質的、気心も最大の気遣いをしたのである。したがって、官位も急速に上位に上り、評判も明治の後の時代にまで評価されたのである。類似したことであるが、秀吉から京都の寺地を寄進されたのは、本願寺が金銭的、物質的、気心も気遣いをしていたからであろう。

　そして、家康は、三河の一向一揆で、仏教の教える自由、平等、平和の精神、その教えに基づいて百姓が望む自治自立の志を嫌という程に知らされていた。それは一向一揆で、主だった家臣がことごとく家康を敵にしたからである。家康自身はその事を部下からも教えられ、知らず知らずのうちに秀吉やねねからも教わっていたのである。故に家康は極端な武力を行使する戦いはせず、懐柔策も取り入れた。大坂の陣では、秀頼と淀殿を最後の最後まで説得したのである。その心が彼らには通じず、壊滅を余儀なくしたのであろう。

　家康は、ねねに1万7千石という破格の領地を安堵し、ねねの教えに従った三河の三羽烏をはじめ、多くの諸将や身内を優遇した。本願寺もまた、優遇された。家康の教訓は秀忠、家光と代々つながっていった。本願寺側も、徳川幕府に金銭的、物質的、にも気遣いをしていたから、寺地の寄進や江戸時代が安堵して居られたのであろう。

　さて、「世の中を平和にしよう」という志は尊いものであるが、如何にそれを実現するかは、前記の如く信長・秀吉・家康の三人三様であるし、その精神を万人に周知する事も難しい。

　やはりそこに必要なのが宗教である。祈ったら治るとか、祈ったら儲かるという類の信仰ではなく、その人々の心を良き方向に返る宗教である。湖北の先人の民衆は、そのことに深く気付いていたのだと思

う。それ故に、郷土の自治自由を実現する思いに命を掛けて、国友鉄砲を担いで大坂の石山本願寺まで、命がけで戦に出かけたのである。そして、平和で安穏な社会が長く代々に渡って続くように願って建立したのが悲願の長浜御坊大通寺であった。

　現在地の長浜御坊大通寺が建立できたのは、彦根藩井伊家の多大な支援があった事も記憶に留めねばならない。言うまでもなく、前記の対応例の様に彦根藩へ湖北の民衆は、丁寧な気遣いをしていたからであろう。歴史を学ぶことは、先人からの智慧をいただく事であり、表面の現象だけではなく、当時の人々の心にも思いをはせる事が、歴史をより深く味わう事になると思う。

　最後に、論考の不十分さや、誤字等の不備があるかと思いますが、ひとえに思慮不十分な筆者の責任でありお詫び申し上げます。また、文中の諸氏・諸将の方々の**敬称を省略**させていただいたことをご容赦下さい。

　本書を執筆するご縁を頂き、巻頭の言葉を賜わった長浜市長の浅見宣義様に、また、彦根の井伊家当主第 18 代の井伊直岳様に推薦のお言葉を賜わりましたことに、厚く御礼申し上げます。

　そして、貴重な資料をご提供頂いた京都　高台寺様、知多　浄顕寺様、長浜城歴史博物館と館長福井智英様のご配慮に厚く御礼申し上げます。また、文中の挿絵は、様々な方面でご活躍の長浜市の大橋香代子様に書いて頂き、ご苦労をお掛けしました。NPO 文華舎代表の細溝高広様には、種々のアドバイスを頂きました。古文書の解読には、常日頃から米原市教育委員会の小野航様にご指導を頂き感謝申し上げます。一粒書房様には、出版にあたって文の校正や種々のご苦労を賜りました事に感謝申し上げます。

　その他、お世話になった皆々様には、心から篤く御礼申し上げます。

≪参考文献≫

0 表紙画像は「長浜城　築城ジオラマ」を長浜城歴史博物館からご提供頂いたものです。
1 津田三郎『北政所　秀吉没後の波瀾の半生』中央新書 1994 年
2 山陽新聞社編『ねねと木下家文書』山陽新聞社 1982 年
3 柏原祐泉稿「本願寺教団の東西分立-教如教団の形成について-」
　大谷大学研究年報 No18　大谷學會　1966 年
4 大桑 斉逼著『本願寺教如教団形成論』法蔵館 2020 年
5 藤島達郎『本廟物語―東本願寺の歴史―』東本願寺出版部　1984 年
6 中沢南水『長浜御坊三百年誌』永田文昌堂 1962 年
7 辻善之助『日本仏教史』近世編の一　岩波書店　1970 年
8 日本資料刊行会『東浅井郡誌　巻弐』　1975 年
9 滋賀県坂田郡教育会編『坂田郡志』名著出版　1971 年
10 関ケ原町『関ケ原町史　通史上巻』関ケ原町　1990 年
11 山科本願寺・寺内町研究会編『掘る・読む・歩く-本願寺と山科 2000 年』法蔵館　2003 年
12 『宇野新蔵覚書』続真宗大系　第 16 巻　国書刊行会　1976 年
13 藤島達郎「真宗東西分派の一視点」『大谷史学』6 号　1957 年
14 教学研究所編『教如上人と東本願寺創立』東本願寺 2005 年
15 笠原一男『一向一揆の研究』山川出版　1981 年
16 『五村略由緒』『大通寺史』大谷大学図書館蔵、粟津文庫
17 柏原祐泉稿『日本近世近代仏教史の研究』平楽寺書店　1969 年
18 特別展『湖北真宗の至宝と文化』実行委員会　2011 年
19 宮部一三『教如流転』叢文社　1986 年
20 教学研究所『教如上人と東本願寺創立　―本願寺の東西分派―』東本願寺出版部 2004 年
21 宮本義己「徳川家康の人情と決断：三成"隠匿"の顛末とその意義」『大日光』70 号、2000 年
22 教如上人展監修会議編『教如上人：東本願寺を開かれた御生涯』東本願寺

出版部 2013 年
23 上場顕雄『教如上人と大坂』大谷派難波別院　2013 年
24 大桑　斉『教如　東本願寺への道』　2013 年
25 『教如上人四〇〇回忌記念特別展図録・飛騨と教如上人』2013 年
26 中川泉三『近江要史』太田書店　1938 年
27 戸田氏鉄『戸田左門覚書　成簣堂叢書 ; 第 6 編』、民友社　1914
28 粟野秀穂稿『JOCK 講演集　三河物語を読む』日本放送協会東海支部 1930 年
29 小和田哲男『関ヶ原から大坂の陣へ』新人物往来社　1999 年
30 小和田哲男『豊臣秀吉』中央公論者〈中公新書〉　1985 年
31 法雲俊邑『落ち人と木地師の伝説の地甲津原のまちおこし』一粒書房 2014 年
32 前川和彦　『豊臣家存続の謎 : 秀頼父子は九州で生きていた戦国の秘史』日本文芸社　1981 年
33 舟橋武志『漂流・教如上人』良念寺　2019 年
34 大津市『新修大津市史・第三巻　近世前期』大津市市役所　1982 年
35 千利休　資料『利休百会記』東等寺冬任文庫所蔵　（岐阜県高山市）
36 法雲俊邑『ブッダの生涯と仏像の誕生』方丈堂　2022 年
39 小和田哲夫『北政所と淀殿　豊臣家を守ろうとした妻たち』吉川弘文館 2009 年
40 太田浩司『湖北が生んだ名将用　石田三成』サンライズ出版、2009 年
41 天満別院誌編纂委員会編『天満別院誌』天満別院　1961 年
42 神田千里　『信長と石山合戦　中世の信仰と一揆』吉川弘文館 2008 年
43 名古屋別院史編纂委員会『名古屋別院史』真宗大谷派名古屋別院　1990 年
44 旧陸軍参謀本部編纂『日本戦史』旧陸軍参謀本部、1975 年
45 吉田雄翟『武功夜話:前野家文書 現代語訳 信長編』新人物往来社、1992 年
46 宮川何求編『関ケ原軍記大成巻一』江戸期
47 東京大学史料編纂所『言経卿記』岩波書店　1975 年
48 田端宏編『蝦夷地から北海道へ　＜街道の日本史 2＞』吉川弘文館　2004 年
49 北海道新聞社　編『星霜 1 北海道史 1868-1945』北海道新聞社　2002 年

50　上之郷利昭『本願寺の変』サイマル出版会　1979年

≪注釈および参考資料≫
注1　図6の大坂石山本願寺の位置図は、古地図を参考に長浜市の大橋香代子氏が写描いた。
注2　図9と図27の血判阿弥陀仏絵像2幅と署名裏書きの画像は、半田市浄顕寺所蔵で掲載許可を頂いた。
注3　図23　高台院像(国重要文化財)　画像提供：高台寺様より許可を得る
注4　本願寺の法主は、戦国時代から明治・大正の時代を経ても従来の慣例をもとに、正統的な教学・伝統の顕現者であり、住職は文字通り本願寺の代表者であり、管長は宗派の事務管理の代表者を兼ねる体制であった。
　この様な体制の中で、第22代法主大谷光瑩(現如)が絡んだ本願寺財産整理(北海道開拓等を委任されて事業に大金を要した事)や、現如の子で第23代法主の大谷光演(彰如)の海外事業の失敗(彰如の号から「句仏事件」と呼ばれる)による破産では、僧籍剥奪に発展した。
　北海道開拓については、北海道新聞社 編『星霜 1 北海道史 1868-1945』[49]田端宏編『蝦夷地から北海道へ＜街道の日本史2＞』[48]等を参考に経緯を辿れば、次のような事であった。
　明治政府は北海道の開拓のために開拓使を設け、その本府を札幌に置いたが、当時の鳥羽・伏見の戦い(慶応4年)を経て成立した政府は極端な財政難に陥っており、北海道の道路を含めた開拓にまで手がけることは不可能であった。そこで、新政府が苦し紛れに目をつけたのが、全国に多数の門徒を抱えまた、徳川家の恩顧があった東本願寺である。この時期の東本願寺は、元治元年(1864)に禁門の変の混乱期に両堂が焼失し、再建にかかる最中であった。大政奉還後まもない慶応4年(1868)の年始に行われた宮中会議において、同寺焼き討ちの噂が出された事に端を発する。東本願寺側は当時、第21代法主の厳如(大谷光勝)であり、その妻は皇族出身の嘉枝宮和子であった。いち早く、その宮中会議の経過を耳に入れた東本願寺は、「叛意がない」旨の誓書を朝廷に提出して事なきを得た。

しかしながら、その文章の中に「如何なる御用も拝承つかまつりたく」という一節があった事を後に政府から指摘され、その命令ともいうべき状況の中で、北海道の道路開削を申し出ることになる。それは、廃仏毀釈が遺した仏教界全体への逆風にも配慮した決断であった。明治2年(1869)当時、北海道は、海岸沿いにしか道路が整備されていなかったので、新道を切り開く必要に迫られていた。特に北海道の拠点として開けていた箱館から札幌へ104ｋmのルート開拓が急務とされていた。

　明治3年(1870)の事業の開始にあたっては、光勝はすでに高齢であったため、当時19歳の新門・大谷光瑩が事業の責任者となって行われた。2月10日に一行は、京都を出発して殆ど陸路で募財をしながら7月7日に函館に着いた。東本願寺は、作業人員として宗門の随行僧侶180人と門信徒のほかに、仙台藩の伊達氏の士族移住者やアイヌの人々の延べ5万5,300人ほどを雇用した。9月には有珠と札幌間のいわゆる東本願寺街道の開削に着手した。改修工事も含めて開いた道路は4か所だった。新道を切り開く他にも、農民の移住奨励、移民の教化も東本願寺の申し出た事であった。

　明治22年(1889)に大谷光瑩は、第22代法主を継いだ。開拓は結果的に急務を要した決断であり、宗派の事務官にも十分な相談が行われなかったようである。「多額の債務」や「土地の売却益の行方」などの問題が表面化する事となって、本願寺財政は貧窮した。その中で、明治28年(1895)には、ようやく焼失した懸案の本山両堂が竣工した。

　また、大谷光演は、財政は貧窮した中であったが、著しく子女の地位が低下していた事から、明治39年(1906)4月に、札幌初の仏教系女学校である北海女学校の開校に漕ぎつけた。これも政府の念願の事項であった。その後、遊蕩ぶりも重なり300万円を超す負債から本山の財政を立て直すために明治41年(1908)11月に、大谷光演が35歳で第23代法主を継いだ。しかしながら、大谷光演は、朝鮮半島における鉱山事業などで失敗して自己破産を申請し、大正14年(1925)に引退して長男の大谷光暢(闡如)に管長職を譲った。

　類似した事が昭和40年代にもあり、突如、第24代法主の大谷光暢が三身一体の管長職を昭和44年(1969)4月に「私が兼務している法主・本願寺住職・管長

のうち、管長職だけを長男大谷光紹新門に譲る」と発表があった。これが前記の開申事件の発端である。この事が起こった元には、法主体制を維持する派、それに付け込んで利得を得ようとする僧俗一派による財産負債の発覚であった。このような不祥事を改革するために、現日本憲法のように法主の三身一体を象徴化しようとする改革派等が立ち上がり、混乱状態になった。

　事の発端は、上之郷利昭『本願寺の変』(50)によれば、次のようである。昭和23年に改革派は、「真人社」を結成して、訓覇信雄らが宗門の改革運動を開始した。同36年には宗門の議会で多数派を占め、訓覇内局が誕生した。同37年には「真人社」を発展的に解消して、議会の党派「直道会」を結成し、宗門内の「同朋会」運動を展開した。光紹新門を東京別院住職として誕生させたが、訓覇内局が辞任。再び同内局が復活する中で、昭和44年4月に「開申」事件があり、光暢法主が管長職を光紹新門に譲った。

　この頃まで、宗門の教化の近代化を図る事については両派の一致をみていたが、内部の組織改革については大きく対立した。それは、本願寺という宗教法人と真宗大谷派（事務を統括する組織）という宗教法人の分離を主張するする法主派に対し、改革派は、宗本一体（宗派と本山本願寺）を主張した。しかし、法灯を継ぐ生き仏と正統的な教学・伝統の顕現者を抜かれてしまえば、ただの事務組織しか残らない幽霊宗門になってしまう事であった。ここで初めて改革派は、問題が宗門財政の健全化は議会を経て執行されるべきである事と、「同朋会運動」という教化方針の改革問題の2点である事に気付いたようである。

　昭和45年12月には、大谷光暢法主が宗派に無断で東山区六条山に墓地造成を始めた。この用地は、第二の大谷祖廟を創るべく、「東山浄苑」計画が開始され翌年2月には造成が開始された。この東山浄苑の用地は、光暢法主の母にあたる嘉枝宮和子が結婚に際して持参した通称、京都東山六条の土地であった。資金繰りに困窮した法主派は、同46年11月にその建設主体を改革派に移した。この計画の背景には、池田内閣で事件を起こした、吹原弘宣が介在していた。

　改革派は本廟維持財団理事長の光暢法主次男の大谷暢順に事業を継がせた。同47年2月に法主派は、「開申」を取り下げた。それは、改革派への譲歩ではなく、光暢法主と光紹新門の間に、東京別院に関係する新たな問題が発生していた事に

よるものであった。昭和 48 年 10 月には、暢順の手腕で事業が順調に進み「東山浄苑」は完成して軌道に乗り始めた。

同 51 年には、両親の元にいた四男暢道の乱脈な行動の負債が表面化する。大谷光暢の四男大谷暢道は、40 歳を過ぎて誕生した子どもであり、光暢法主と智子裏方の両親が溺愛して、放任した行動をさせたところに問題があったようである。そして同 53 年 11 月に光暢法主は東本願寺の独立を宣言した。この頃に、泥沼化した法主派と改革派のやり取りや、身内の四男暢道の行為をかばう両親とは意見が対立し、見切りをつけて穏やかな生活を求めたのが、光紹と暢順の宗門分立の引き金になった。

改革派の体制に反対した大谷光暢の長男大谷光紹は、住職をしていた東京別院東京本願寺を、大谷派から分離独立させて賛同する末寺・門徒をまとめて「浄土真宗東京本願寺派」を結成した。続いて、次男大谷暢順は、長浜別院の第 12 代住職であったが、長浜・五村別院を包括法人の真宗大谷派から離脱する事を目論んだ。また、四男暢道は住職をしていた井波別院瑞泉寺の離脱を試みたが、両者は、裁判で認められなかったが、それぞれに離脱した。その後、暢道は「東山浄苑」の代表者を譲れと迫り、「大谷の里」（老人ホーム）計画で 5 億円の手形、「渉成園」の競売、宝物や・聖護院等を抵当にした借金が露呈し、差し押さえられた額は数十億円になった。これらの借財の背景には、そうそうたる闇の財界人が係わっていた。

以後、法主派と改革派の攻防が昭和 62 年(1987)まで続いたが、漸く宗本一体（宗教法人「本願寺」と真宗大谷派と合併がされた）として、大谷派と包括・被包括の関係にあった本願寺は法的に解散登記が実施され、宗派と一体のものとなった。「本山寺法」も廃止され、以後、東本願寺の正式名称は「真宗本廟」となる。「本廟」とは、親鸞の「墓所（はかどころ）」の意味で、同信同行の門信徒が宗祖親鸞の教えを聞信する根本道場・帰依処とする意味である。鎌倉時代に、親鸞聖人の末娘である覚信尼が、夫・小野宮禅念より京都東山の麓に譲り受けた土地を廟堂のための土地として提供した。そこを崇泰院と称し、関東の門弟の協力により遺骨を移して仏閣を建て（この事から留守職の名が付けられた）、聖人の影像を安置した場所が大谷廟堂跡として伝えられている。そこを発祥とする「本廟」で

あり本山の御影堂門には「真宗本廟」の額が掲げられている。

注5 昭和54年(1979)10月23日に開催された第80回臨時教区会決議として、各寺院住職・教会主管者・門徒代表宛てに次のような文が決議事項として配布された。

　決議の目的　　宗派離脱ということによって起こる混乱を防ぎ、同時に真宗大谷派の主体性を明確にすることを目的とする。

一、　宗派解脱の手続きは、当該寺院の門徒2/3以上の同意をもって当該寺院の住職が署名捺印して教務所へ通知され、それを受けて宗務所で真宗大谷派の寺籍簿ならびに僧籍簿から削除したものである。

一、　宗派離脱の意味　したがって宗派離脱ということは、住職(代表役員)の責任において宗門と関係を断つことであり、いうまでもなく真宗大谷派の寺院でも僧侶でもなくなるということである。また僧籍があるということが具体的に僧侶であることの社会的承認となるが、僧籍がないということは、何宗の僧侶でもないということである。

一、　具体的対応策について　**離脱寺院**は、真宗大谷派の一切の宗教行事ならびに教化活動に関与させないし、またこちらも関与しない。

　　例えば

　○　組内法中・法類法中として招待したり、されたりしない。但し法要に洋服または和服で出るのはこの限りでない。

　○　親類法中の場合も右に準ずる。

　○　布教に招待したり、されたりしない。　　　　　　　　以　上

　これらの申し合わせの、前二つは道義上の事であるが、後の具体的対応策は、一時の感情的な処置の様にも思われる。離脱寺院が単立寺院や他宗となった場合、他宗の天台宗や真言宗の僧侶と同じ扱いにしても良いと考えられる。しかしながら現実は、各寺院の法中が参集した法事の席で、親類法中との小競り合いがあり、法類法中が全員退席する或いは、親類法中が退席する事がしばしばあった寺院もある。このような事態を何十年もの間続けるものでは無いと思われるし、離脱復帰の処置についても早期に考慮しておくべきであったと思われる。

　また、この申し合わせから**逸脱して、何の落ち度も無い親戚の未離脱寺院**まで

も蔑視(べっし)の対象になり、教区運営の諸役人事や教化活動からも排除した。或いは、未離脱寺院者の就職にも揶揄し、孫の代にまで影響を及ぼす事態があった。さらに、差出人の名前のない誹謗・中傷の投書があちこちの関係者に出され、前代未聞の迷惑を蒙った事を、百人ちかくの方々から話を伺った。このような状況から、離脱寺院と親戚関係にある寺院や門徒の人々は、様々な苦難を抱える事になった。差別やいじめをした方は何の痛みも感じないが、受けた方は多大な苦難を蒙ってきた事に思いをいたすべきである。

46年間の長きに渡ってこの様な行為と迷惑があった事を、仏法に照らし合わせて再考しなければならない。それは、長浜別院の長い歴史の中で、教区が大分裂するような事態も数回あったが、そのような時にも報復処置は無かった。また全国の教区でも離脱寺院はあったが長浜のような処置はしていない。これらの所作は釈尊以来、先徳からの重要な教えであり、後世の人々も深く学ぶべきことである。また、浄土の荘厳を模した寺院には、本来、仏法を求める人であれば誰が参詣しても良いし、教師資格を得た僧侶は、布教を請われれば何処ででも誰にでても説くのが当然であり、万国共通の認識である。

以上の様な制裁事項は、聞法の同朋に垣根をつくってきた事であり、嘆かわしい時代であった。仏法領に垣根を作って一部の同朋を誹謗中傷した事は、後の世まで悪例として語り継がれるであろう。

注6　図33から図36の写真は、別院離脱争議当時の、海老原容光輪番に許可を得て撮影したものである。

索 引

言葉	ページ	
あ		
会津征伐	85	
浅井長政	15	29
朝倉義景	27	
浅野長政	74	
浅見俊孝	12	
姉川の戦い	30	
い		
井伊谷	142	
井伊直孝	122	142
井伊直政	142	
家光	120	
石田三成	74	
石山合戦	17	108
石山本願寺	19	26
一向一揆	18	49
今浜と長浜	12	107
う		
上杉景勝	74	85
宇喜多秀家	73	
え		
慧日院 11代	131	
美江子	129	
お		
横超院 5代	128	
大坂抱様	51	
大坂夏の陣	97	
大坂冬の陣	97	
大谷刑部吉継	92	
御小屋	130	
織田信長	15	
織田信雄	56	
お花狐	122	
小山評定	86	
か		
嘉寿姫	128	
糟屋武則	71	
片桐且元	70	96
加藤清正	71	
加藤嘉明	71	
上浅井十四日講	42	
含山亭	135	
観音信仰	104	
き		
教如	24	64
教如の関東下向	60	
く		
黒田長政	76	
黒田孝高	76	

け

血判阿弥陀仏絵像	36	112
元和偃武	99	
顕如	17	25

こ

孝蔵主	77	
高台院ねね	66	98
甲津原文書	47	
五大老	72	
国家安康	95	
小早川　秀秋	73	
五奉行	72	
御坊と別院	106	
御坊と別院	106	
湖北一向一揆	35	41
湖北十カ寺衆	38	
湖北の小教団	39	
湖北の仏教信仰	104	
五村御坊	140	
厳如	131	

さ

し

最勝院　7代	130	
賤ケ岳の七本槍	69	
静姫	129	
自治自立地域	18	54
下寄講	41	
十・四日講	41	
十人衆	13	
寿像	62	
寿林尼	124	144
渉成園	120	
新御座	136	

せ

性慶	35	
関ケ原の合戦	90	
宣如	119	126

そ

総会所	118	

た

大通寺	106	
武田信玄	27	

ち

中国の大返し	55	
忠魂塔	138	
超絶院　4代	128	
超倫院	129	
枕流亭	139	

と

東軍、西軍	87	90
同朋会運動	147	
年寄衆	13	

167

土徳	118	149
刀根坂の戦い	28	

な

長束正家	75
長浜領	116
長浜屋敷	140
鉈ガ岩屋	60

に

如春尼	26

ね

ねね家族の避難	45

の

能満院　9代	131
能令院　3代	127
信子(沙千代)	131

は

羽柴秀長	13	69

ひ

本願寺堀川七へ	56	
東本願寺創建	63	126
秀吉家族の避難	45	
平野長泰	70	
広瀬兵庫助	44	

ふ

福島正則	70
武勲派と文治派	67

ほ

仏法領	18	
文禄・慶長の役	79	
坊官	24	
方広寺の釣り鐘	94	
細川晴元	25	
北海道開拓	131	158
法華一揆衆	23	
本願寺の分立	62	

ま

前田利家	72	
前田玄以	75	
増田長盛	75	
回り仏	43	44

み

三成派	80
明達院　6代	129

む

村上水軍	33

も

毛利輝元	31	73
毛利元就	31	
門跡寺院	24	

や

山科本願寺	21
山内一豊	116

ゆ

  湯次方　　　　42

ら

  蘭亭　　　　　135

る

  留守職譲状　　37

れ

  霊源院　12代　132
  霊寿院　10代　131
  霊心院　8代　130
  霊瑞院　初代　124　127
  霊蔵院　2代　127
  蓮如　　　　　16　19

わ

  脇坂安治　　　69

秀吉が長浜時代に抱えた諸将―湖北民衆の苦難と大通寺御坊の建立―年表

	和暦	西暦	月日	数え年	内容
秀吉	天文6年	1537年	2月6日	1歳	誕生(天文5年説、1月1日説もあり) 尾張愛知郡中村に誕生。
秀長	天文9年	1540年	3月2日	1歳	木下秀長　尾張愛知郡中村に誕生。
家康	天文11年	1542年	12月26日	1歳	家康　誕生(三河国岡崎城)
ねね		1548年		1歳	ねね誕生。父は杉原家利、母は朝日。
秀吉	天文23年頃	1554-55年頃		18歳	織田信長に仕官
本願寺	永禄元年	1558年	9月16日	1歳	本願寺、教如生まれる　父顕如16歳、 母如春尼15歳
本願寺	永禄2年	1559年	12月15日	2歳	本願寺、門跡寺院になる
信長	永禄3年	1560年	5月19日	27歳	桶狭間の戦い
秀吉	永禄4年	1561年	8月	25歳	藤吉郎、浅野長勝の養女(ねね)と結婚する。
本願寺	永禄5年	1562年	1月23日	26歳	石山本願寺　寺内町火災二千軒 余り焼失
淀殿	永禄10年	1567年		1歳	茶々(淀殿)　誕生。父は浅井長政、 母はお市。
秀吉	永禄11年	1568年	9月12日	32歳	観音寺城の戦い　11月信長、 本願寺・堺に矢銭を課す
秀吉	元亀元年	1570年	4月	34歳	金ヶ崎の戦い
信長			6月28日	37歳	姉川の戦い　湖北一向一揆

年表

	和暦	西暦	月　日	数え年	内　　　容
本願寺			9月12日	17歳	石山合戦が始まり、信長が本願寺明け渡し要求 顕如諸国に一揆の蜂起を指示、 11月21日伊勢長嶋一揆で織田信興自害
秀吉	元亀3年	1572年	8月ごろ	36歳	秀吉は木下から羽柴に改姓
家康			10月16日	31歳	二俣城の戦い　12月22日三方ヶ原の戦い
本願寺			11月		信長が本願寺攻めで信玄の仲裁により、 一時和睦
秀吉	天正元年	1573年	8月8日-9月1日	37歳	小谷城の戦い、9月1日　浅井家滅亡 長政　自害 27歳
信長			4月		信長、本願寺攻め
秀吉	天正2年	1574年		38歳	**秀吉、今浜に築城し長浜と改める。**
秀吉					この頃、加藤清正、福島正則らが秀吉に 仕える。
本願寺			9月29日		伊勢長嶋一向一揆が壊滅
本願寺	天正3年	1575年	8月14日		越前一向一揆が壊滅　4月信長が本願寺 攻め　11月一時和睦
本願寺	天正4年	1576年	6月		信長が本願寺攻め
秀吉	天正5年	1577年	9月23日	41歳	手取川の戦い　10月5日-10日 信貴山城の戦い
本願寺			7月10日		本願寺、准如生まれる
秀吉	天正6年	1578年	3月29日	42歳	三木合戦開始（－天正8年1月17日）
本願寺			11月		毛利水軍、織田軍に破れ、本願寺兵糧を 受けられず孤立
本願寺	天正8年	1580年	4月9日		朝廷の斡旋により信長と講和　顕如大坂 本願寺を退去　教如籠城、大坂抱様

171

	和暦	西暦	月日	数え年	内容
本願寺			8月2日		教如大坂本願寺を退去　本願寺焼失流浪
秀吉	天正10年	1582年	4月-6月4日	46歳	秀吉、備中備中高松城の戦い、清水宗治を城にかこみ自害さす。
秀秋				1歳	木下辰之助秀俊(小早川秀秋)長浜で誕生。父は木下家定の五男。
信長			6月2日		**本能寺の変、信長没する49歳。** 家康、神君伊賀越え、41歳。秀吉、備中大返し
秀吉			6月3日		阿閉貞征、長浜城を攻め、ねね、なかは東草野・揖斐に難をのがれる。
秀吉			6月13日		山崎の戦い　秀吉、明智光秀を破る 6月27日、清洲会議
本願寺			6月27日		顕如・教如が和解
秀吉	天正11年	1583年	4月	47歳	賤ケ岳の戦い
秀吉			4月24日		北の庄落城。柴田勝家、お市自刃。 茶々、初、小督は織田有楽にあずけられる。
秀吉			11月		秀吉、本拠を大坂城に移転。
秀吉	天正12年	1584年	3月-11月	48歳	小牧・長久手の戦い　10月3日 従五位下・左近衛権少将
秀吉			11月21日		従三位・権大納言　木下辰之助 秀俊(秀秋)、秀吉の養子となる。
一豊					長浜城主　山内一豊
秀吉	天正13年	1585年	3月-4月	49歳	紀州征伐
秀吉			3月10日・7/11日		秀吉、近衛前久の猶子になって藤原姓と改め、**従一位・関白に叙任**。 ねねは従三位に叙任、北政所と称する。 なかは従一位に叙任、大政所と称した。

	和暦	西暦	月　日	数え年	内　　容
秀吉			5月3日		秀吉、本願寺に大坂天満の土地を寄進 教如、利休、秀吉と茶会
秀吉			6月-8月		四国攻め、富山の役　10月、 惣無事令実施(九州地方)
秀吉	天正14年	1586年	12月19日	50歳	秀吉、大坂城にて**太政大臣**に任ぜられ、 豊臣の姓を賜わる。
家康			7月	45歳	九州征伐開始(－天正15年4月) 大政所(天瑞院)没、76歳。
秀吉	天正15年	1587年	5月27日	51歳	捨ステ(鶴松)、淀城に誕生(父は秀吉、母は 茶々)が8月5日病死。
秀吉			6月19日		バテレン追放令発布　6月28日、 和議七ケ条を明の使節に提示。
秀吉			9月		聚楽第へ転居、9月24日、木下家定に 播磨の内で1万千3百4拾石を与える。
秀吉	天正16年	1588年	1月5日	52歳	文禄の役。秀吉、諸大名に朝鮮出兵を 命ずる。
秀吉			5月9日		聚楽第へ後陽成天皇らを迎えて 饗応する。**長浜衆参加。**
秀吉			7月8日		刀狩令発布。ほぼ同時に海賊停止令も発布。
秀吉	天正18年	1590年	2月-7月	54歳	小田原征伐
秀吉			7月		奥州仕置　7月15日、秀次、秀吉に 追放され高野山で切腹。28歳
秀吉			8月		徳川家康以下諸大名、血判して拾丸に 忠誠を誓う。7月～8月
家康			8月	49歳	関東移封。八月朔日、江戸城に入る。

	和暦	西暦	月　日	数え年	内　　　容
秀吉	天正19年	1591年		55歳	身分統制令制定、また御土居構築と京都の街区の再編に着手
秀長			1月22日		豊臣秀長（大和大納言）が郡山城にて病没52歳
秀吉			2月28日		千利休に切腹を命ず
秀吉			3月23月		北政所領として、摂津国の内、1万1石7斗の知行目録をだす。
秀吉			7月26日		秀次の子女、妻妾三十余人、京都三条河原で殺害される。
本願寺			8月		秀吉、本願寺に京都堀川七条の地を寄進 8月移転
秀吉	天正20年 文禄元年	1592年	4月12日	56歳	朝鮮出兵開始（文禄の役） 12月関白辞職し、秀次に譲る。
本願寺			11月24日	50歳	本願寺顕如示寂、教如12代継職(25歳)
秀吉	文禄2年	1593年	8月	57歳	本拠を指月伏見城に移す。拾丸が誕生（豊臣秀頼）父は秀吉、母は淀君。
本願寺			9月17日		教如本願寺を隠居　流浪の旅 10月13日准如継職
秀吉	文禄4年	1595年	7月	59歳	秀次の関白並びに左大臣職を剥奪、高野山に追放し、自刃を命ず。聚楽第取り壊し
秀吉	文禄5年	1596年		60歳	大地震で指月伏見城、方広寺大仏倒壊
本願寺	慶長元年	1596年	1月14日		長浜城跡に長浜御堂を造り十四日講を発足
秀吉	慶長2年	1597年		61歳	サン＝フェリペ号事件　キリシタン26人殉教　長崎

年表

	和暦	西暦	月　日	数え年	内　　容
秀吉			2月		木幡伏見城完成　再度の朝鮮出兵開始（慶長の役）
本願寺	慶長3年	1598年	1月16日		如春尼没
秀忠			5月10日		千姫、伏見城に誕生。父は秀忠、母は小菅。
秀吉			7月27日		スペイン領フィリピン諸島(小琉球)に日本は神国でキリスト教を禁止したことを告ぐ
秀吉			8月5日		家康、利家、輝元、上杉景勝、字書多秀家の五大老に、秀吉、自筆の遺言状を与えて秀頼を託す。家康、利家、五奉行と誓書を交換する。
秀吉			8月18日	62歳	太政大臣辞職　**秀吉伏見城で薨去**。大正15年贈正一位
利家	慶長4年	1599年	3月3日		前田利家没
本願寺	慶長5年	1600年	6月27日		教如　大津御坊遷仏法要を勤める　7月2日関東へ家康の陣中見舞に下る
本願寺			9月13日		教如　関ヶ原の戦い前に西軍に追われて、揖斐川上流から鉈ヶ岩屋に隠れる。
家康			9月15日	59歳	**関ヶ原の戦い**
本願寺			9月16日		教如　鉈ヶ岩屋を出て七曲峠から浅井町、琵琶町早崎から船で大津へ帰着
秀忠			8月17日		大津御坊で秀忠と会う。
本願寺			9月20日		教如　大津城で家康と会う。五村懸所(御坊)家康の許可を得て仮御堂建立
本願寺	慶長7年	1602年	2月		家康が京都六条の地を寄進して翌年6月8日に東本願寺の仮御堂建立

175

	和暦	西暦	月 日	数え年	内　　　容
本願寺	慶長8年	1603年	1月3日		伏見城の一部を本願寺へ　親鸞木像を妙安寺より迎える
家康			1月6日	61歳	従一位　慶長9年　征夷大将軍宣下・源氏長者宣下
本願寺	慶長9年	1604年	2月22日		本願寺宣如　誕生　7月17日に徳川家光　誕生
本願寺	慶長11年	1606年			長浜城へ内藤氏移封に就き、長浜御坊を湖畔へ移転
家康	慶長13年	1608年	4月16日		秀忠、内大臣・征夷大将軍に叙任。
ねね			8月2日		高台院、京都東山に高台寺を建て秀吉の冥福を祈る。家康に招かれ二条城で観能。
家康	慶長16年	1611年	3月28日		秀頼、二条城で家康と会見。加藤清正、浅野幸長つき従い、高台院も来会。
ねね	慶長17年	1612年			浅野長政4月没65歳、加藤清正6月没51歳、翌年浅野幸長8月没38歳
家康	慶長19年	1614年	4月16日	64歳	征夷大将軍辞職・源氏長者は留任
本願寺			10月14日	57歳	**教如(信浄院)示寂**　宣如13代継職11歳
家康		～1615年	3月8日	73歳	朝廷よりの太政大臣または准三后の内旨を辞退。
家康			11月-12月		大坂冬の陣　　5月片桐且元没60歳
家康	慶長20年／元和元年	1615年	5月3日	74歳	大坂夏の陣。千姫、大坂城を脱出する。淀君(49歳)秀頼(23歳)自刃し、大坂落城
家康			7月7日		武家諸法度制定　7月7日　禁中並びに公家諸法度制定　7月17日

年表

	和暦	西暦	月 日	数え年	内　　　容
家康			7月27日		木下利房、備中足守藩領2万5千石を拝領。足守に陣屋を構築し居所とする。高台院領の継続領有を了承。
家康	元和2年	1616年	3月17日	75歳	太政大臣　4月11日家康没する。75歳　翌年贈1位。
ねね	寛永元年	1624年	9月6日	76歳	**高台院ねね没**。遺領の内、三千石を近江国にかえ、木下利三が継ぐ
秀忠	寛永9年	1632年	1月24日	52歳	**徳川秀忠没**　将軍家光　継職
本願寺	寛永15年	1638年			五村御坊本堂改築
大通寺	寛永16年	1639年	1月8日	13歳	大通寺初代住職霊瑞院入寺
家光	寛永18年	1641年	8月13日		徳川家光、東本願寺に東洞院渉成園から東の鴨川までを寄進
本願寺	正保元年	1644年			**長浜御坊　湖畔より移転**し現在地(石田屋敷)に建立の本堂完成
家光	慶安4年	1651年	4月20日	48歳	徳川家光没　将軍家綱　継職
家光	承応元年	1652年			富士山麓の巨木の寄進を受け、東本願寺を再建
本願寺	万治元年	1658年	8月23日	55歳	宣如示寂　琢如14代継職
本願寺	寛文10年	1670年			東本願寺本堂落慶
大通寺	延宝8年	1680年		34歳	大通寺第2代住職霊蔵院継承　正徳2年引退
大通寺	貞享5年	1688年	4月14日	14歳	大通寺第3代住職能令院入寺
大通寺	元禄15年	1702年		19歳	大通寺第4代住職超絶院入寺
五村	享保15年	1730年			五村本堂上棟式

	和暦	西暦	月	日	数え年	内容
大通寺	寛保元年	1741年			21歳	大通寺第5代住職横超院継承 井伊家嘉寿姫と結婚
本願寺	延享4年	1747年				東本願寺大谷に1万坪加増
大通寺	天明7年	1787年			20歳	大通寺第6代住職明達院入寺 井伊直幸の息子
本願寺	天明8年	1788年				東本願寺類焼　翌年再建着工
大通寺	文化5年	1808年				大通寺三門着工　文化9年三門完成
大通寺	文政11年	1828年			60歳	大通寺第7代住職最勝院継承 　後八尾大信寺に転住
大通寺	文化14年	1817年			22歳	大通寺第8代住職霊心院入寺　兄の法主 死去に伴い本山へ帰り厳如法主になる
大通寺	弘化5年	1848年			13歳	大通寺第9代住職能満院入寺
本願寺	安政5年	1858年				東本願寺両堂消失　翌年再建着工 井伊直弼大老職に
本願寺	万延元年	1860年				東本願寺両堂落成　井伊直弼大老没
大通寺	元治元年	1864年			9歳	大通寺第10代住職霊寿院入寺 　井伊直弼五女信子と結婚
本願寺	明治2年	1869年				本山北海道開拓はじめる　東京に遷都
大通寺	大正13年	1924年				大通寺第11代住職霊寿院入寺 　霊寿院息子　桑名別院住職兼務
大通寺	昭和17年	1942年			11歳	大通寺第12代住職霊源院入寺
大通寺	昭和54年	1979年				長浜・五村別院離脱問題惹起
大通寺	昭和61年	1986年				長浜・五村別院離脱問題　終修

推薦　書籍　　　　好評発売中　書店取り寄せできます。

　本書は釈尊の生涯と仏像の起源、誕生、伝播をめぐり、著者が膨大な文献資料に基づき、長年にわたり研究してきた学術論考の集大成である。本書を通して、著者は仏教や仏像が過去のものではなく平和のシンボルとして今も脈々と生きており、現代の我々がともに平和に生きていく大切さを伝えている。
　　　愛知学院大学名誉教授　（専門：仏教美術文化史）**石黒　淳**

　中国の五台山や雲崗石窟、敦煌、トルファン、ウルムチなど仏教伝来のシルクロード、さらにインド仏跡、ネパール、アンコールワット、スリランカ、タイ、インドネシア、フィリピン等の仏教遺跡をくまなく巡り、壮大な仏教の精神世界を肌身で感じ取った。

　そこで見たものは、ブッダの思想が今日まで世界の人々の生活や精神活動の中に生きている現実であり、膨大な教義や言葉では表現できないものがシンボル化して託された無数の仏像であった。　　方丈堂出版

**平和な世の構築は、武器や武力による制圧ではなく、
　　　共に生きる心の環境をつくる事です。　　著　者**

　釈尊が生まれた時代背景を考察しつつ、生涯を掛けて仏教を説かねばならなかった必然性、何故、教えに反して後世に仏像が造られたのかを探求しています。
　国家の主権が侵され、世界平和の秩序が乱されている今日です。人類は、何のために生きているのかを問われています。今こそ釈尊の原点に帰って、時代のニーズに合った**共に生きる心の環境**を学ぶことが肝要でしょう。　法雲　俊邑

著者略歴・・・・・・・・・・・・・・・・・・・・・・・・・

1948（昭和23）年に滋賀県米原市に生まれる。

愛知学院大学大学院博士前期課程終了。神戸大学大学院留学。文部省在外研究員（シカゴ・ノースウェスタン大学客員研究員）、滋賀大学経済学部を経て短期大学部教授、龍谷大字社会学部教授、星城大学経営学部教授を経て、定年退職後、同大学客員教授、2010年中国湖南工学院大学名誉教授、2023年星城大学名誉教授、観行寺住職。

この間、兼任で聖泉大学、甲南大学、京都橘大学、岐阜聖徳大学、愛知学院大学の各非常勤講師。　修士、Ph. D（SFSU）。専攻：情報工学、経営工学、情報社会学。1970年代にパソコンLANを国内で最初期に開発、1997年代に携帯電話の電波帯域の有効活用に貢献する。経営工学会賞、星城大学貢献賞、近畿電気通信監理局長表彰、保護司・まちづくり・青少年育成等、貢献賞を受ける。

単著　専門分野、「経営工学」、「企業情報システム論」、監修「新しい情報ネットワーク」等多数、郷土誌　「落人と木地師伝説の地甲津原のまちおこし」、思想分野　「ブッダの生涯と仏像の誕生」等多数著す。

長浜築城・長浜開町450年

秀吉が長浜時代に抱えた諸将と天下の分目
― 湖北民衆の苦悩と大通寺御坊の建立 ―

発　行　日　　2024年11月2日　初版発行

著　　者　　法　雲　俊　邑

発　行　所　　一　粒　書　房

〒475-0837　愛知県半田市有楽町7-148-1
TEL（0569）21-2130　FAX（0569）22-3744
URL：www.syobou.com　mail：book@ichiryusha.com

印刷・製本　有限会社一粒社
© 2024, 法雲俊邑
Printed in Japan
本書の全部または一部の無断複写・転載を禁じます
落丁・乱丁はお取替えいたします
ISBN978-4-86743-300-3　C0021